DESCRIPTION

DES

OBJETS D'ARTS

QUI COMPOSENT

LE CABINET

DE

FEU M. LE BARON V. DENON.

SE TROUVE :

A PARIS,

Chez TILLIARD FRÈRES, libraires du roi de Prusse,
Rue Hautefeuille, n° 22 ;

TREUTTEL et WURTZ, libraires,
rue de Bourbon, n° 17;

A STRASBOURG et A LONDRES,
même Maison.

DESCRIPTION

DES

OBJETS D'ARTS

QUI COMPOSENT

LE CABINET

DE

FEU M. LE BARON V. DENON,

Membre de l'Institut de France (Académie des Beaux-Arts); correspondant de la Société asiatique de Calcuta; officier de l'ordre royal de la Légion-d'Honneur; chevalier de l'ordre de Sainte-Anne de Russie, et de la couronne de Bavière; ancien gentilhomme ordinaire de la chambre du Roi; ancien directeur des Musées royaux, et de la monnaie des médailles, etc.

ESTAMPES

ET OUVRAGES A FIGURES.

PAR DUCHESNE AINÉ.

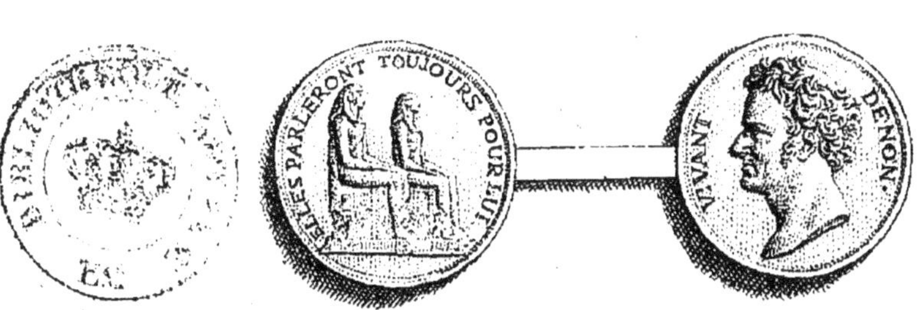

PARIS,

IMPRIMERIE D'HIPPOLYTE TILLIARD,

Rue de la Harpe, n° 78.

AVERTISSEMENT.

Le cabinet de feu M. Denon, déjà si remarquable par le choix de tableaux des différentes écoles, ainsi que par les monuments anciens et modernes qui en font partie, présente un intérêt égal par la richesse de sa collection d'estampes. Si on veut la considérer sous le rapport du nombre de pièces, on trouvera qu'elle en contient de tous les pays et de tous les siècles, depuis l'invention de l'impression dans le XVe siècle, à Florence, jusqu'au XIXe siècle, en France et en Angleterre; mais elle est plus remarquable encore en examinant avec détails quelques-uns des œuvres qui la composent.

Celui de Lucas de Leyde est presque complet; les épreuves en sont belles, et la plupart bien conservées. Des œuvres de cette nature sont maintenant fort rares, et il ne s'en est pas rencontré d'aussi beaux depuis la vente du cabinet de M. de Saint-Yves, en 1805. Il s'y trouve même une pièce non décrite par

Bartsch, et dont pourtant l'originalité ne me paraît pas douteuse.

L'œuvre de Marc-Antoine présente aussi une réunion de pièces extraordinaires, qui ne peuvent non plus trouver d'objets de comparaison que dès la collection Silvestre, vendue en 1810. De même que les œuvres de cet ancien cabinet, celui-ci présente l'avantage d'avoir été formé dans le commencement du XVIIIe siècle; on a donc la certitude que toutes les épreuves, non-seulement ont plus de cent années d'existence, mais même qu'à cette époque le célèbre amateur Zanetti a choisi ces gravures parmi les plus belles épreuves qu'il a rencontrées. Si quelques-unes d'elles ont éprouvé les ravages du temps, si leur papier se trouve avoir reçu quelque teinte de fumée ou de poussière, aucune n'a été lavée, nettoyée, détachée, passée à l'acide et restaurée comme cela arrive si fréquemment, depuis que les connaissances chimiques se sont introduites chez les marchands d'estampes.

Une autre partie très remarquable du cabinet de M. Denon est celle des gravures sur bois à plusieurs tailles, dites *camaïeux*, par Andreani, Hugues de Carpi, Nicolas de Vicence, Fantuzzi et autres : ces sortes de gravures ont toujours été difficiles à rencontrer belles, l'obligation de raccorder l'épreuve trois ou quatre fois sur des planches différentes présentant d'assez grandes difficultés. Ces singulières gravures ont été choisies avec d'autant plus de soin, qu'elles étaient particulièrement dans le goût de Zanetti, qui lui-même a gravé dans cette manière.

L'œuvre de Rembrandt est également remarquable ; je ne crois pas qu'il s'en soit trouvé d'aussi riche et d'aussi précieux dans le commerce, depuis un grand nombre d'années, puisqu'il est bien supérieur aux œuvres des cabinets Silvestre et Morel de Vindé. Formé par un amateur contemporain de Rembrandt, cet œuvre contient des pièces de la plus grande rareté, telles que les portraits de Rembrandt au manteau brodé, n°s 310 à 313, et celui *au sabre*, la planche carrée, n° 321, Ephraïm Bonus avec *la bague noir*, n° 423, le grand Coppenol avec le *fond blanc*, n° 431, l'avocat Tolling, n° 433, l'annonciation aux bergers, n° 330, la résurrection du Lazare, n° 343, la piece de cent florins, avant les grandes tailles sur le cou de l'âne, n° 345, l'astrologue endormi, n° 369, et plusieurs paysages presque introuvables, dont un, sous le n° 456, n'a pas été décrit par Bartsch, non plus que les deux têtes d'études, nos 457 et 458, dont l'originalité me paraît cependant assurée.

Toutes les épreuves de cet œuvre de Rembrandt sont belles et bien conservées; plusieurs sont sur papier de la Chine, quelques-unes ont de grandes marges; aucune n'est collée en plein ni *glomisée*, ainsi que cela a été malheureusement la mode pendant la moitié du siècle dernier. On a eu soin d'indiquer avec soin tous ces détails dans le Catalogue, afin de mettre les amateurs éloignés dans le cas d'apprécier avec plus de certitude les pièces qu'ils désireraient avoir. Le même motif m'a déterminé à rappeller le n° de Bartsch pour toutes les pièces des maîtres dont les œuvres se trouvent décrites dans *le Peintre-graveur:* cet ouvrage étant entre les mains de tous les amateurs, j'ai pensé que cela leur serait agréable. Par ce moyen on évite la longeur des descriptions, et on ôte toute incertitude sur la pièce et sur l'état dans lequel elle se trouve.

Il est inutile de dire que le chiffre arabe servant pour indiquer le n° de Bartsch, le chiffre romain désigne l'état de l'épreuve.

On doit encore remarquer dans ce Catalogue l'œuvre de Callot, en trois gros volumes, dont Zanetti parle si avantageusement dans la lettre qu'il écrivit à Gaburri, en 1721. Ce recueil est très-nombreux; les épreuves en sont très-belles et plusieurs avec remarques; la plupart sont devenues rares.

Les liaisons de M. Denon avec tous les artistes français et avec des amateurs de tous les pays, l'ont encore mis dans le cas de recueillir des eaux-fortes qu'il serait presque inutile de chercher dans le commerce, telles sont les gravures sur acier par Andrieu, n° 563, les eaux-fortes françaises, de Lagrenée, n° 558, Dehemant, n° 559, de Bisemont, n° 561, et autres amateurs, réunies sous les n°s 573, 574 et 575. Les gravures en bois de Harvey, n° 584, et les eaux-fortes de Cotman, n° 582; celles de la famille Turner, n°s 585 à 588, et celle de R. Fordt, n° 689.

Peut-être sera-t-on étonné de ne pas trouver des eaux-fortes gravées par M. Denon lui-même, puisqu'il en a fait un si grand nombre, son œuvre se composant de près de cinq cents pièces : la plus grande partie des planches existent encore dans sa famille, et il est facile de se les procurer, soit en totalité, soit isolément.

Les livres ne peuvent point être regardés comme formant une bibliothèque, puisqu'il n'y a rien de relatif à la littérature, fort peu aux sciences et à l'histoire proprement dite; mais la collection présente une grande richesse dans les livres qui ont quelque rapport aux beaux-arts, tel que les musées et les voyages pittoresques. Il est inutile de dire que dans tous ces ouvrages, les épreuves sont belles et les exemplaires soignés.

DESCRIPTION
DES OBJETS D'ARTS
QUI COMPOSENT
LE CABINET
DE FEU M. LE BARON V. DENON.

ESTAMPES.

ÉCOLES ITALIENNES.

MANTEGNA (ANDRÉ). *Né à Padoue, en* 1431.

1. Le corps de Jésus-Christ porté au tombeau, en largeur, n° 3. * Cette gravure est une des plus recherchées du maître; *elle est d'une mauvaise conservation*.

Soldats portant des trophées; la marche est dirigée vers la droite, n° 14. *En très mauvais état.*

Bacchanale à la cuve, n° 19. *D'une mauvaise conservation.*

Deux autres pièces gravées d'après le dessin de Mantegna. En tout 5 pièces.

* Ce numéro et ceux des articles suivants sont les numéros donnés par Bartsch, dans le PEINTRE-GRAVEUR.

1

JEAN-ANDRÉ. *Né à Brescia, en 1461.*

2. Danse de quatre femmes, d'après André Mantegna, n° 18. *En mauvais état.*

ROBETTA. *Florence,* 1460 ?

3. La vieille et les amoureux, n° 24. *Un peu rognée sur la hauteur.*

ANONIME du XVe siècle.

4. La Vierge et l'enfant Jésus, accompagnés de saint Sébastien à gauche, et de saint Roch à droite; le fond en taille croisée, pièce cintrée.

Épreuve moderne d'une plaque très anciennement gravée, mais qui n'est certainement pas un *Nielle*. *

BARBARY (JACQUES de), dit le MAÎTRE AU CADUCÉE, et faussement nommé FRANÇOIS DE BABYLONE. 1470?

Le nom de cet ancien maître a été découvert par M. François Brulliot de Munich. *Voy. Table générale des Monogrammes, chiffres*, etc., in-4°. Munich, 1820. N° 80.

5. Sacrifice à Priape, n° 21.

RAIMONDI (MARC-ANTOINE). *Né à Bologne vers* 1488.

Cet œuvre est contenu dans un volume grand-aigle, relié en maroquin rouge; il vient du cabinet de J. M. Zanetti; quatre pièces seulement y ont été ajoutées par le baron Denon.

Les épreuves en sont généralement belles : plusieurs sont

* L'Essai sur les NIELLES, dont j'ai publié le Prospectus l'année dernière, est en ce moment sous presse, et paraîtra au mois de Mars prochain.

collées en plein, et le papier en est plus ou moins roúx; mais aucune n'a été blanchie et n'a éprouvé de ces restaurations fâcheuses, qui montrent la patience du restaurateur, et font disparaître le talent du graveur. Toutes les pièces portent dans le coin du bas à droite, une estampille extraordinairement petite, qui est la marque de M. Denon; elle est composée des lettres D N, avec un crible, renfermées dans un ovale : allégorie à la patience continuelle d'un amateur, qui doit rejeter tout ce qui ne peut être utile.

Les numéros placés à la fin de chaque article, sont ceux qui se trouvent dans le Peintre-Graveur, tome XIII, et les lettres qui suivent, quelquefois, désignent les *copies* décrites dans le même ouvrage.

L'OEuvre se compose de 133 pièces, savoir : 117 de la main de Marc-Antoine. 26 de son école, ou copiées d'après lui.

Le volume sera mis sur table dans *son intégrité*; mais s'il n'est pas fait d'offres suffisantes, les pièces seront divisées par lots, ainsi qu'il suit :

ANCIEN-TESTAMENT.

6. Adam et Ève prenant du fruit défendu; d'après Raphaël, nº 1. *Belle épreuve de l'une des pièces les plus rares de ce maître; le papier est un peu fatigué.*

7. Dieu ordonnant à Noé de bâtir l'Arche, pièce dite aussi la BÉNÉDICTION D'ABRAHAM; d'après Raphaël, nº 3. *Très belle épreuve, doublée.*

8. Joseph fuyant la femme de Putiphar; d'après Raphaël, nº 9. *Très belle épreuve, doublée.*

David coupant la tête à Goliath; d'après Raphaël, nº 10. *Epreuve avec le monogramme sur la tablette.*

NOUVEAU - TESTAMENT.

9. Le Massacre des Innocents; d'après Raphaël; la planche *au chicot*, n° 18. *Très belle épreuve doublée : le papier est roux et a quelques déchirures.*

10. Massacre des Innocents; d'après Raphaël; planche sans le chicot, n° 20. *Belle épreuve, doublée.* Elle appartenait à P. Mariette, qui y a mis son nom, avec la date de 1661.

11. La Vierge assise sur les nuées, ayant près d'elle l'enfant Jésus; d'après Raphaël, n° 47. *Cette épreuve est chargée de carreaux à la sanguine.*

La Vierge assise et lisant, l'enfant Jésus est débout près d'elle; d'après Raphaël, n° 48. Heinecken dit cette pièce gravée par Marc-Antoine, et Mariette prétend qu'elle est de la main de Marc Ravignano.

12. La Vierge et l'enfant Jésus sur les nuées; elle a une auréole autour de la tête, et une autre beaucoup plus grande entoure son corps en entier; d'après Raphaël, n° 52. Planche avec la tablette et les cheveux flottants sur l'épaule gauche. *Superbe épreuve d'une parfaite conservation.*

13. Sainte Famille, dite *la Vierge à la longue cuisse;* d'après Raphaël, n. 57. *Épreuve avec une ligne de marge.*

14. Sainte Famille, dite *la Vierge au palmier;* d'après Raphaël, n° 62. *Cette épreuve a appartenu à P. Mariette, qui a écrit au milieu du bas ses deux initiales.*

15. Sainte Famille, dite *la Vierge au berceau;* d'après Raphaël, n° 63. *Très belle épreuve bien conservée.*

Copie décrite par Bartsch, sous la lettre A. *Épreuve assez belle, mais rognée et mal conservée.*

16. Jésus-Christ à table chez Simon le pharisien, pièce dite *la Magdeleine;* d'après Raphaël, n° 23. *Superbe épreuve.*

17. La Cène, dite la *pièce aux pieds;* d'après Raphaël, n° 26. *Épreuve d'une beauté et d'une vigueur extraordinaire, mais doublée; le papier est roux et a quelques déchirures.*

18. Marthe et Marie montant au temple, pièce dite *la Vierge à l'escalier;* d'après Raphaël, n° 45. *Belle épreuve, avec quelques taches et des carreaux au crayon.*

19. Descente de Croix; d'après Raphaël, n° 32. *Très rare et belle.*

20. Jésus-Christ mort, pleuré par la Vierge, debout près de lui; d'après Raphaël. La planche au bras nu et sans tablettes, n° 34. *Rare.*

21. La même composition. La planche, où le bras droit de la Vierge est couvert d'une manche; en bas, à droite, la tablette, n° 35.

22. Jésus-Christ sur les nuées, pièce dite *les cinq Saints;* d'après Raphaël, nº 113. *Superbe épreuve, avec une marge d'une ligne tout autour, bien conservée et pourtant doublée.*

APOTRES, SAINTS ET SAINTES

23. Ananie frappé de mort aux pieds des apôtres; d'après un des cartons de Raphaël, maintenant à Hampton-Court, nº 42.

Je crois cette pièce de Marc-Antoine, quoique Bartsch la dise d'Augustin-Vénitien.

24. Saint Paul prêchant à Athènes; d'après un des cartons de Raphaël, maintenant à Hampton-Court, nº 44. *Belle Epreuve, mais avec quelques déchirures, un peu rognée et doublée.*

PETITES FIGURES DE SAINTS.

25. Saint Jacques le majeur, nº 127. *Sans le chiffre de Marc-Antoine.*

Saint Philippe, nº 129. *Très belle épreuve.*

Saint Paul, nº 136. *Très belle épreuve.*

Saint Antoine de Padoue, nº 142.

Saint Étienne, nº 147.

Saint Jérôme, nº 152. *Copie en sens inverse.*

Saint Joseph, nº 154.

Saint Laurent, nº 156.

Saint Michel, nº 158.

Saint Lazare, nº 159.

Saint Nicolas de Tolède, nº 160. *Très belle épreuve.*

11 Pièces.

26. Martyre de saint Laurent; d'après Baccio Bandinelli, nº 104. *Superbe épreuve, doublée, avec quelques petites déchirures sur les bords, et un pli au milieu.*

27. Saint Jérôme assis, tenant un livre, à droite est un Lion d'une très petite proportion; d'après Raphaël, nº 102. *Très rare: cette épreuve a été déchirée dans le milieu, les deux angles du bas sont restaurés, le papier est très roux.*

28. Saint Jérôme debout auprès de saint Jean-Baptiste; et non pas l'*évangéliste*, comme l'a dit Bartsch; d'après une gravure en bois d'Albert Durer, nº 643.

Sainte Catherine debout, dans une niche, appuyée sur un fragment de sa roue; d'après François Francia, nº 115.

29. Sainte Cécile, accompagnée de saint Paul, saint Jean, sainte Magdelaine et saint Augustin; d'après Raphaël, nº 116. *Superbe épreuve collée en plein.*

30. Martyre de sainte Félicité; d'après Raphaël, nº 117. *Belle épreuve.*

PETITES FIGURES DE SAINTES.

31. Sainte Agathe, nº 170. *Très belle épreuve.*
Sainte Catherine, nº 175. *Très belle épreuve.*
Sainte Marguerite, nº 181. *Belle épreuve.*

3 Pièces.

MYTHOLOGIE.

32. Les Pendentifs de la galerie Ghigi; d'après Raphaël, suite de trois estampes.
Jupiter, et Ganimède, nº 342.
Mercure, volant dans les air, nº 343.
Les trois Grâces et l'Amour, nº 344.
3 Pièces.

33. Opis, debout, entourée d'animaux, et se pressant les deux mamelles. *La marge du bas est coupée.*
Cérès cherchant sa fille.
Bacchus pressant du raisin dans une coupe.

Ces trois pièces font partie d'une suite de douze divinités, gravées par Marc-Antoine, et qui sont décrites dans le *Peintre graveur*, t. XV, p. 81 à 84.

34. Le Parnasse, grande composition d'après une des fresques peintes par Raphaël, au Vatican, nº 247. *Un pli au milieu.*

35. Statue d'Apollon, dans une niche percée d'une fenêtre, avec une grille de fer, nº 333. Planche où la marque est à droite. *Très belle épreuve.*

36. Statue d'Apollon, appuyé sur un tronc d'arbre, dans une niche dont le bord est blanc; d'après un dessin de Raphaël, nº. 334. *Deux déchirures traversent toute cette pièce, l'une aux pieds, l'autre aux genoux de la statue.*

Suite incomplète des Muses et autres divinités.

Apollon, n° 263.

Une Muse portant une guirlande, n° 272.

Une Vestale tenant une lampe, n° 274.

Jeune femme portant une ruche, n° 276.

5 Pièces.

37. Le jugement de Pâris; d'après Raphaël, n° 245. *Magnifique épreuve, d'une bonne conservation et pourtant doublée, deux angles ont été légèrement restaurés.*

38. Vénus et l'Amour dans la forge de Vulcain, n° 326; dans la première manière de Marc-Antoine. *L'épreuve est doublée et laisse à désirer pour la conservation.*

La fable de l'Amour et Psyché en 32 pièces ne fait pas partie de cet œuvre, elle se trouve sous le n° 124.

39. Mars assis et paraissant faire des reproches à Vénus debout tenant un brandon allumé, n° 345. On croit cette pièce d'après Mantegna. *Belle épreuve, doublée.*

40. Les trois Grâces, d'après un bas-relief antique, n° 340. *Belle épreuve, mais doublée.*

41. Bacchus assis près d'une cuve, pièce dite la *petite vendange;* d'après Raphaël, n° 306. *Très belle épreuve, bien conservée et non doublée, d'une des estampes les plus recherchées de Marc-Antoine.*

42. Grande bacchanale avec des figures lascives; d'après un bas relief antique, n° 248. *Extré-*

mement rare; très belle épreuve avec une ligne de marge tout autour, bien conservée et pourtant doublée.

43. Danse de deux Bacchantes et d'un Faune; d'après un bas-relief antique; nº 250 A. *Très belle épreuve. Rare.*

Quoique en dise M. Bartsch, cette pièce est certainement gravée par Marc-Antoine lui-même, et porte sa tablette à gauche.

44. Ariane couchée dans l'île de Naxos, pièce dite *la Cléopâtre*; imitée par Raphaël, d'après une statue antique, nº 199. *Très rare et très belle.*

45. Un Satyre cherchant à défendre une nymphe et parant avec un bâton les coups que veut lui donner un jeune Faune; probablement d'après François Francia, nº 279. *Superbe épreuve d'une des plus jolies pièces de Marc-Antoine, avec une très légère restauration, dans l'angle du bas, à droite.*

46. Un Satyre assis auprès d'un arbre, et mangeant du raisin que lui présente un enfant; d'après Raphaël, nº 281. *Très rare et très belle.*

47. Le jeune et le vieux Bacchant; d'après Jules Romain, nº 294.

48. Deux Faunes portant un enfant dans une petite manne; d'après un bas-relief antique, nº 230. *Belle épreuve d'une des plus jolies gravures de Marc-Antoine, mais avec quelques taches.*

49. Une Nymphe couchée à l'entrée d'une grotte est surprise par un Satyre lascif, nº 319; gravée dans la première manière de Marc-Antoine. *Très belle épreuve.*

Trois enfants et un Amour cherchant à dresser une caisse dans laquelle est placé un de ces enfants, nº 320 ; gravé dans la première manière de Marc-Antoine. *Epreuve médiocre.*

50. Neptune calmant les flots, pièce dite le *Quos-ego ;* d'après Raphaël, nº 352. épreuve avant la retouche. *Rare.*

51. Galathée debout sur les eaux, entourée de Tritons et de Neréides; d'après Raphaël, nº 350. *Belle épreuve, mais dont le papier est fatigué et doublé.* Cette pièce est une des plus recherchées de Marc-Antoine.

52. Copie de la danse d'Amour, nº 217 B. Autre copie médiocre.

53. Hercule étouffant Anthée; d'après Raphaël, nº 346. L'une des plus belles gravures de Marc-Antoine, tant pour la pureté du dessin que pour l'exécution de la gravure. *Très belle épreuve bien conservée.*

HISTOIRE.

54. Alexandre faisant serrer les livres d'Homère; d'après Raphaël, nº 207. L'une des pièces les plus recherchées de ce maître.

55. Enlèvement d'Hélène; d'après Raphaël, nº 209, sans le nom de Salamanca. *Épreuve médiocre.*

56. Didon debout près d'un bûcher; d'après Raphaël, n° 187. *Cette pièce rare est assez belle d'épreuve, mais elle laisse à désirer pour la conservation.*

57. Lucrèce prête à se percer le sein; l'une des premières pièces gravés par Marc-Antoine d'après Raphaël, lors de son arrivée à Rome, n° 192. *Belle épreuve, mais qui a beaucoup souffert, et avec quelques restaurations.*

58. Triomphe d'un empereur romain, vraisemblablement, Titus au retour de la Judée; gravée, à ce qu'on croit, d'après André Mantegna, n° 213. *Très rare : cette épreuve est belle, mais elle laisse à désirer pour la conservation.*

59. Un empereur romain assis, vu de face, et tenant de la main gauche une espèce de sceptre; probablement d'après Raphaël, n° 441. *Il y a plusieurs restaurations.*

60. Des soldats nus, et sortant de l'eau pour reprendre leurs armes, pièce dite *les Grimpeurs;* d'après le carton de la guerre de Pise, par Michel-Ange, n° 487. *Belle épreuve.*

ALLÉGORIES.

61. Grande composition allégorique, au milieu de de laquelle un jeune homme nu est debout sur un piédestal, tenant un brandon de la main droite; gravé par Marc-Antoine, dans sa première manière, n° 360. *Faible épreuve.*

62. Trajan entre la Victoire et la ville de Rome; d'après un des bas-reliefs de l'arc de Constantin, n° 361. *Superbe épreuve doublée, d'une des plus belles pièces de Marc-Antoine.*

63. La Poésie, assise sur des nuées, tenant une lyre de la main gauche; d'après Raphaël, n° 382.

64. Les Vertus théologales et cardinales; d'après Raphaël, n° 386 à 392. *Les nos 387 et 390 laissent à désirer pour la conservation.* 7 pièces.

65. La Prudence assise sur un Lion; probablement d'après Raphaël, n° 371, *Très belle épreuve.*

Copie de la femme debout tenant deux éponges; probablement d'après François Francia, n° 373 C.

66. Deux Sibylles, dont une regarde dans le ciel, où l'on voit deux des signes du zodiaque; d'après Raphaël, n° 397. *Belle épreuve, doublée.*

67. Une femme nue, tenant un vase rempli de feu et portant son pied droit sur une boule, elle s'appuie sur l'épaule d'un homme nu vu par le dos; probablement d'après François Francia, n° 377. Très belle épreuve de l'une des pièces les plus jolies, gravées par Marc-Antoine dans sa première manière. *Une légère déchirure dans l'angle du bas à gauche.*

68. Une femme assise, tournée vers la gauche et endormie, la tête penchée sur une de ses mains; dans le fond est une fenêtre par laquelle on voit un ange portant une croix, et allant de

droite à gauche. Cette composition a du rapport avec le n° 460, et paraît gravée par Marc-Antoine. *Très belle épreuve.*

Copie de la femme assise près d'une fenêtre, et tournée vers la droite; d'après François Mazzuoli, dit Parmesan, n° 460 B.

SUJETS DE FANTAISIE.

69. La peste; d'après Raphaël, n° 417. Pièce rare. *L'épreuve est doublée.*

70. Chasse aux lions; d'après un bas-relief antique, n° 422. *Belle épreuve, doublée.*

71. Triomphe d'une sorcière, pièce dite *la Carcasse;* probablement d'après Michel-Ange, n° 426. *Belle épreuve, doublée, ayant à gauche une déchirure, et au milieu un pli. Les lettres* A. V. *sur le cornet du Satyre sont à l'encre, mais le papier a été gratté à cette place.*

72. Un vieillard debout, appuyé sur son bâton, et parlant à un homme à genoux vis-à-vis de lui, au bord d'un bois; probablement d'après François Francia, n° 434.

Un vieillard debout, causant avec un jeune homme extraordinairement gras; probablement d'après François Francia, n° 436. *Belle épreuve, mais qui laisse à désirer pour la conservation.*

Deux hommes presque nus, debout à côté l'un de l'autre, et tournés vers la droite, n° 464.

Une femme entre deux hommes, tenant

un croissant; probablement d'après Francia, nº 354. *Une déchirure traverse la pièce dans le haut.*

4 Pièces.

73. Un docteur portant le nom d'Amédée, s'entretenant avec l'Austérité, l'Amitié et l'Amour; probablement d'après Francia, nº 355.

Petite composition allégorique, dans laquelle un homme sonne de deux trompettes; probablement d'après Baccio Bandinelli, nº 356. L'une des pièces les plus fines de Marc-Antoine.

Un homme endormi près d'un bois: auprès de lui se trouvent un homme et une femme à genoux; probablement d'après François Francia, nº 438.

Les trois docteurs, nº 404, Rare. *Épreuve rognée.*

4 Pièces.

74. Les trois docteurs assis à terre, nº 404. Pièce rare. *Très belle épreuve.*

75. Deux cariatides soutenant une cassolette; d'après un dessin fait par Raphaël pour François Ier, nº 489. *Très belle épreuve, un peu rognée par le bas.*

76. Vignette pour les Géorgiques de Virgile, l. III, v. 322. Des animaux viennent s'abreuver. *Très belle épreuve.*

Cette pièce est copiée d'après une des vignettes de l'ancien manuscrit du Vatican, dont il existe des gravures par

Piétre Sante; mais au lieu des Chèvres, qui se trouvent dans l'ancien dessin, il y a ici des Bœufs. Cette pièce est décrite dans le *Peintre-Graveur*, t. xv, p. 51.

Je la regarde comme gravée par Marc-Antoine lui-même, quoique Bartsch l'ait classée parmi les pièces des graveurs de son école.

PORTRAITS.

77. Raphaël, enveloppé dans un manteau, assis dans son atelier, nº 496. *Rare.*

78. Le joueur de guitare; d'après François Francia, nº 469.

Dans le même volume se trouvent aussi les pièces suivantes, par divers graveurs, savoir :

PAR AUGUSTIN MUSIS.

79. Iphigénie, dans le temple de Diane, reçoit Oreste et Pylade; probablement d'après Baccio Bandinelli, nº 194.

Un empereur romain à cheval, allant au-devant d'un jeune héros, suivi de deux cavaliers; d'après Raphaël, nº 196. *Très belle épreuve, avec une ligne de marge, très bien conservée, et cependant doublée.*

Une femme assise près d'un vase, probablement d'après Raphaël, nº 475. *Belle épreuve.*

3 Pièces.

Voyez *l'article de ce Maître*, *numéro* 98 *à* 102.

PAR MARC DENTE.

80. Sacrifice de Noé après la sortie de l'arche; d'après Raphaël, nº 4. *Très belle épreuve, doublée.*

81. Sainte famille, *dite la Vierge aux poissons;* d'après Raphaël, n° 54. Iere épreuve avant le nom de Salamanca. *Belle épr. doublée, le papier est roux et un peu fatigué.*

82. Vénus blessée au pied par l'épine d'un rosier; d'après Raphaël, n° 321. Iere épr. avant le nom de Salamanca; IIe épr. avec les mots ANT. SAL. EXC.

Copie sans aucune marque.

83. Statue d'un Faune, montrant d'une main une grappe de raisin, à un tigre qui est près de lui, n°. 307.

Statue de Bacchus, tenant des raisins dans l'une de ses mains et dans un pli de son vêtement, n° 105.

Voyez *l'article de ce maître, n°s 105 à 108.*

PAR JACQUES CARAGLIO.

84. La Pentecôte, n° 6.

Allégorie sur le carnage, n° 55.

Enée portant son père, et précédé d'Ascagne; d'après Raphaël, n° 60. *L'épreuve est faible et a été retouchée au pinceau dans quelques parties.*

3 Pièces.

Voy. *l'article de ce maître, n°* 109 *à* 113.

PAR ADAM GHISI.

85. Une pêche à laquelle préside Neptune, armé de son trident.

Voy. *l'article de ce maître, n°* 149.

PAR DIVERS MAÎTRES.

86. La Vierge assise sur une chaise, embrasse l'enfant Jésus debout devant elle. *Epreuve très-fatiguée*. T. XV, p. 20.

Alexandre offrant sa couronne à Roxelane; d'après Raphaël. *Epr. fatiguée; il manque un morceau dans le haut, à gauche; au bas sont huit vers, écrits à la main.*

Bacchus entre deux Faunes, tenant une branche de vigne de la main gauche, et de l'autre s'appuyant sur un des deux faunes; à ses pieds est une Chimère mordant l'une de ces queues, à gauche est une femme jouant du tambour de basque; à droite, un homme assis sur une butte et tenant une flûte dans ses mains. *Grande pièce en largeur.*

La femme en méditation, tournée à gauche; d'après François Mazzuoli, dit Parmesan. nº 445. *Rogné sur la hauteur.*

Un jeune homme nu vu par le dos, tourné à gauche et regardant un vase plein de feu, qu'il tient élevé de la main gauche. Au bas de ce côté, sur une pièce, la marque M, avec l'année 1575.

5 Pièces.

Autres pièces gravées par MARC-ANTOINE-RAIMONDI, et qui ne font pas partie du volume dont on vient de donner la description.

87. Jésus-Christ et ses apôtres, suite de 13 pièces Nos 64 à 76. *Epreuve avec le nom de Salamanca, sur la première et les numéros 1 à 12 sur les autres.*

88. Les petits Apôtres, suite incomplète : Jésus-Christ, no 124. — Saint Pierre, no 125. — Saint Jacques le majeur, no 127. — Saint Jean, no 128. — Saint Barthelemy, no 130. — Saint Matthieu, no 131.

6 Pièces.

89. Les petits Saints : l'Ange Gardien, no 140. — Saint Antoine, no 141. — Saint Christophe, no 146. — Saint François, no 148. — Saint Laurent, no 157. — Saint Nicolas de Tolède, no 160.

6 Pièces.

90. Les petites figures de Saintes : la Vierge et l'enfant Jésus, no 139. — Sainte Luce, no 179. — Sainte Marthe, no 182. — Sainte Petronille, no 183. — La Mort, no 184.

5 Pièces.

91. Copie des petits Apôtres : Saint Thomas, no 132. Cop. B. — Saint Simon, no 133. Cop. B. — Saint Thadée, no 134. Cop. C. — Saint

Mathias, n° 135. Cop. B. — Saint Paul, n° 136. Cop. C.

5 Pièces.

92. Copies de petits Saints : Saint Jean-Baptiste, n° 129. Cop. A, et une autre — Le Christ en croix, n° 137. — La Trinité, n° 138. — Saint Bernard, n° 143. — Saint Job, n° 153. Cop. A. — Saint Lazare, n° 159. Cop. B. — Saint Roch, n° 163.

8 Pièces.

93. Copies des petites Saintes : Sainte Agathe, n° 170. — Sainte Apolline, n° 173. — Sainte Catherine de Sienne, n° 176. — Sainte Cécile, n° 177. — Sainte Hélène, 178.

5 Pièces.

94. Le Songe de Raphaël, n° 359. *Cette pièce est collée en plein, avec une tache au milieu, il manque un morceau sur le bord à droite.*

95. L'Enlèvement des Sabines. *Gr. p. en largeur.* En bas, à gauche, est écrit : ROMVLE. MILITIBVS. SEISTI. DARE. COMMODA. TVIS. B. T. XV. p. 96.

Quoique cette pièce ne soit pas décrite par Bartsch dans le catalogue de Marc-Antoine, j'ai cependant cru devoir l'y comprendre, parce que toute la partie du haut est bien certainement gravée par ce maître ; mais tout le sujet principal est resté tracé au simple trait, et la planche a été terminée par un graveur si peu habile, qu'on croirait difficilement que Marc-Antoine y ait travaillé, si on n'avait pour s'en convaincre une épreuve non terminée.

96. Pyrame et Thisbée, nº 322. *Épr. fatiguée et doublée.*

Le jeune homme endormi, et la nymphe accompagnée de l'Amour, nº. 252.

97. Un des bas-reliefs, fragment du *Quos ego*, nº 352.

La Passion de Jésus-Christ et la vie de la Vierge, gravées par Marc-Antoine, se trouvent, ainsi que les pièces originales en bois, à la fin de ce catalogue, parmi les recueils et ouvrages à figures.

MUSIS (AUGUSTIN), dit AUGUSTIN-VÉNITIEN. *Né à Venise, vers 1490.*

98. La Nativité, d'après Jules Romain, en largeur, avec le chiffre et l'année 1531. Estampe fort recherchée et très-rare, nº 17. *Épr. doublée.*

99. Portement de croix; d'après Raphaël, avec le chiffre et l'année 1519, nº 28.

100. La Vierge, l'enfant Jésus et saint Jean, accompagnés de deux Anges, avec le chiffre et l'année 1518, nº 51. *L'épreuve est belle, mais laisse à désirer pour la conservation.*

101. Marche de Silène; d'après Jules Romain, nº 240. Une des pièces les plus recherchées de ce maître. *L'épreuve est belle mais doublée.*

102. Hercule au berceau; d'après Jules Romain, nº. 315. Épreuve avant la retouche, et avec l'année 1532, l'une des pièces les plus recher-

chées de ce maître. *La marge du bas n'est pas entière.*

103. Hercule et Anthée; d'après Jules Romain, n° 316. L'une des pièces les plus recherchées de ce maître. *Epreuve faible mais avant la retouche.*

104. Les Grimpeurs; d'après Michel Ange. *Copie du n° 423.*

Quelques pièces de ce maître se trouvent décrites plus haut dans l'œuvre de Marc-Antoine sous le n° 79.

MARC DENTE, dit MARC RAVIGNANO. *Vivant en* 1500.

105. Le Massacre des Innocents; d'après Baccio Bandinelli, n° 21. —Copie en contre partie.

106. Combat d'Entelle et Darès; d'après Raphaël, n° 195. Une des pièces les plus recherchées du maître.

107. Le Satyre portant une nymphe; d'après Jules Romain, n° 300. *Epr. avec l'adresse de* ANT. SAL. et celle de *Horace Pacificus.*

La Force ou la Constance, représentée par une femme conduisant un lion; d'après Raphaël, n° 300. *Belle épreuve.*

Le Tireur d'épine; d'après une statue antique, n° 480. *Epreuve d'une médiocre conservation.* 3 Pièces.

108. La Mort au milieu d'une réunion d'hommes

à qui elle fait voir le livre de la vie, qu'elle tient dans ses mains; d'après Baccio Bandinelli, n° 425. *Belle épreuve.*

Quelques autres pièces de ce maître se trouvent décrites plus haut dans l'œuvre de Marc-Antoine, sous les n°s 80 à 83.

CARAGLIO (JEAN-JACQUES). *Né à Vérone vers* 1500.

109. Le mariage de la Vierge; d'après Fr. Mazzuoli, n° 1.

La Vierge et l'enfant Jésus, assise avec sainte Anne, et accompagnés de saint Roch et de saint Sébastien, n° 7.

110. Vénus couchée sur un lit; d'après Perin del Vaga, n° 21. Cette pièce fait partie de la suite des Amours des dieux. *Très rare.*

111. Les Divinités de la fable, figures debout dans des niches; d'après Rosso, n°s 24 à 43. manquent les numéros 25 et 41.

18 Pièces.

112. Dispute sur le Parnasse entre les Muses et les filles de Pierus; d'après Rosso, n° 53. *Epr. avant la retouche, très rare.*

113. Bataille; d'après Raphaël, n° 59. L'une des pièces les plus recherchées de ce maître. *Très belle épreuve.*

Quelques autres pièces de ce maître se trouvent décrites dans l'œuvre de Marc-Antoine, sous le n° 84.

BONASONE (JULES). *Né probablement à Bologne, vers 1500.*

114. Les Israélites ramassant la manne; d'après Fr. Mazzuoli, 1546, n° 5.

La coupe de Joseph trouvée dans le sac de Benjamin; d'après Raphaël, n° 6. *Epr. défectueuse.*

Le corps mort de Jésus-Christ supporté par la Vierge, assise au pied de la croix; d'après le groupe de Michel-Ange, à Saint-Pierre, n° 53. *Epr. défectueuse et rognée.*

La naissance de saint Jean-Baptiste; d'après Jacques Carrucci, dit *le Pontorme*, n° 96.

4 pièces.

115. Le jugement dernier; d'après Michel-Ange, n° 80.

116. Clélie traversant le Tibre; d'après Polidore Caldara, dit *le Caravage*, n° 83. *Epr. avec l'adresse de Lafreri.*

117. Les Troyens faisant entrer le cheval de bois dans leur ville, d'après Fr. Primatice, 1545, n° 85.

118. Bacchus traîné sur un char, n° 90. *Rognée.*

Le char du soleil accompagné des heures et du Temps, n° 99. Pièce rare, IIe épreuve avec l'adresse de *J.-J. Rossi.*

Le dieu Pan assis près d'une nymphe, n° 170.

3 Pièces.

VICO (ÆNÉE). *Né à Parme, vers* 1520.

119. Tarquin s'approchant du lit de Lucrèce; d'après Raphaël, n° 15. IIe épr. sans les chiens.

Jupiter et Léda, dans un ovale; d'après Perin del Vaga, 1542, n° 25. Ire épreuve avant le nom de SALAMANCA.

Jupiter et Léda; d'après Michel-Ange, n° 26. *D'une mauvaise conservation.*

3 Pièces.

120. Enlèvement d'Hippodamie par les Centaures; d'après Rosso, 1542, n° 30. *Belle épreuve.*

121. Vulcain dans sa forge; d'après Fr. Mazzuoli, dit *le Parmesan*, n°. 27. IIe épr. avec la figure de Vénus seulement, regravée, à ce qu'on croit, par Aug. Carrache.

Proserpine venant de métamorphoser Ascalphe en hibou; d'après Fr. Mazzuoli, dit le Parmesan. *Copie* du n° 45.

122. L'Académie de Baccio Bandinelli; d'après ce maître, n° 49. Ire épr. avant le nom de VICO. *Très belle.*

DADO (B). *Né probablement à Venise, vers* 1512, faussement nommé BÉATRICIUS l'ancien, et plus connu sous le nom de MAÎTRE AU DÉ.

123. Histoire d'Apollon et Daphné. Suite de quatre pièces, n° 19, 21 et 22, manque le n° 20. Épreuves retouchées et sans numéros.

Sacrifice à Priape; d'après Raphaël, nº 27. Epr. avec les noms de Thomassin et de J.-J. de Rossi.

4 Pièces.

124. Histoire de Psyché; d'après les dessins de Raphaël, gravées par B. Dado et Augustin-Venitien, nº 39 à 70, avec le nom de SALAMANCA. 1 *vol. in-4º. obl. veau brun.*

125. Des nymphes aidant Psyché à sa toilette; d'après Raphaël. Ce morceau est le dixième de la suite de l'histoire de Psyché, en 32 Pièces, nº 48, *avant toutes lettres; très rare.*

126. Vénus ordonnant à Psyché d'aller chercher de l'eau à une fontaine gardée par un dragon; d'après Raphaël, nº 71.

Cette pièce, de la même grandeur que les autres, ne fait pas partie de l'histoire de Psyché en 32 pièces.

La victoire de Scipion sur Syphax; d'après un bas-relief antique, nº 73.

ANONYMES de l'École de Marc-Antoine.

127. Dieu créant les animaux; d'après Raphaël, nº 1.

Le Sacrifice de Caïn; sur le devant, se voient les figures d'Adam et d'Ève, nº 3.

Sacrifice de Caïn et d'Abel; sur le devant, se voit Caïn tuant Abel; d'après Raphaël, nº 4. Ire épreuve avant l'adresse de Lafreri. *Rognée.*

Joseph racontant ses songes à ses frères; n° 5. *Belle épreuve.*

La Charité, et deux copies d'après Marc-Antoine.

7 Pièces.

CAMAÏEUX GRAVÉS EN BOIS.

CARPI (HUGUES de). *Né à Modènes, vers* 1590.

128. David coupant la tête à Goliath; d'après Raphaël; Camaïeu à trois planches B. t. XII, p. 26. *Très rare*, Ire et IIIe épreuves.

La Pêche miraculeuse; d'après Raphaël; Camaïeu à trois planches. B. t. XII, p. 37. Ire épr. sans inscriptions.

La Descente de croix; d'après Raphaël; Camaïeu à trois planches. B. t. XII, p. 43. *La marge est coupée.*

Saturne couché; d'après François Mazzuoli, Camaïeu de quatre planches, B. t. XII. pag. 125, Ire épr. sans marque.

5 Pièces.

ANTOINE FANTUZI, connu aussi sous le nom d'ANTOINE DE TRENTE. *Né à Trente vers* 1500.

129. Martyr de saint Pierre et de saint Paul; d'après Mazzuoli, dit le Parmesan; Camaïeu de trois planches. B. t. XII, p. 79, IIe épr.

La Sibyle Tiburtine, faisant apercevoir à

Auguste l'image de la Vierge, qui est dans le ciel; d'après Fr. Mazzuoli. B. t. XII, p. 90. *Un des angles à gauche est restauré.*

Le peuple rendant à Psyché les honneurs divins; d'après Joseph Salviati; Camaïeu de trois planches, B. t. XII, p. 125, Ire et IIe épr. *La deuxième est rognée.*

Un homme endormi, vu par le dos; d'après Fr. Mazzuoli. Camaïeu de deux planches. B. t. XII, p. 148.

5 Pièces.

ANDRÉANI (ANDRÉ). *Né à Mantoue, vers* 1530.

Parmi les pièces qui portent la marque de ce graveur, quelques-unes ne sont pas de sa main, mais seulement elles ont fait partie de son fonds.

130. Les Israélites au bas du mont Sinaï, sur lequel est Moïse, recevant les tables de la loi: l'un des fragments de la mosaïque du dôme de Sienne, gravé en bois, d'après les dessins de Dominique Beccafumi, 4 grandes planches à une seule taille. B. t. XII, p. 24. *Rare, mais d'une médiocre conservation.*

La Vierge et l'enfant Jésus, accompagnés de sainte Catherine, saint Joseph et un évêque; d'après André Casolano; Camaïeu de deux planches. B. t. XII, p. 63. *La marge du bas est coupée.*

Adoration des Mages; d'après Luvini; Camaïeu de trois planches. B. t. XII, p. 30.

Présentation au temple; d'après Joseph Salviati; Camaïeu de quatre planches. B. t. XII, p 31, IIe épr., avec la marque d'Andréani et l'année 1608.

Pilate renvoyant Jésus-Christ, et le livrant aux Juifs; d'après un bas-relief de Jean de Bologne; Camaïeu de trois planches. B. t. XII, p. 41.

Jésus-Christ mis dans le tombeau; d'après Raphaël Motta de Reggio, 1585; Camaïeu de trois planches. B. t. XII, p. 44.

Jésus-Christ mis au tombeau; d'après Joseph Scolari; Camaïeu de trois planches. B. t. XII, p. 45.

Triomphe de l'Eglise de Jésus-Christ; grande frise peinte par le Titien dans un salon de Padoue, 1599. Cette longue marche est composée de huit planches marquées des lettres A à H. *Les deux dernières feuilles manquent; les autres sont en très mauvais état.* B. t. XII, p. 91.

Groupe de l'enlèvement d'une Sabine; d'après Jean de Bologne; le Romain est vu par le dos; Camaïeu de trois planches. B. t. XII, p. 93. *Mal conservée.*

Enlèvement des Sabines; d'après Jean de Bologne, grande et belle composition en six feuilles; Camaïeu de trois planches. B. t. XII, p. 94. Iere épreuve avec l'année M D LXXXV, sans les armes et la dédicace, à Jean Fugger.

La description de Bartsch est fautive; elle doit être rectifiée ainsi.

Les feuilles d'en bas offrent les sujets suivants : celle à gauche, un Romain à pied, emportant une Sabine.

Celle du milieu, un Romain, à cheval, cherchaut à enlever une Sabine qu'un autre paraît lui disputer.

Celle à droite, un Romain à cheval, portant une Sabine entre ses bras.

Mutius Scévola; d'après Balthasar Peruzzi; Camaïeu de trois planches. B. t. XII, p. 98.

La feuille sept, du triomphe de Jules César, *en très mauvais état*. B. t. XII. p. 102.

La Vertu; d'après Jacques Ligozio, 1585; Camaïeu de trois planches. B. t. XII, p. 13, IIe épr. L'inscription à droite enlevée.

Allégorie sur la Mort; d'après Jean Fortunius, 1558; Camaïeu de trois planches. B. t. XII. p. 135. Iere épr. avant le rond où se trouve la syllabe *mus*, par laquelle se terminent toutes les sentences qui sont sur le cadran.

14 Pièces.

VICENTINI (JOSEPH-NICOLAS). *Né à Trente, vers* 1530.

131. Clélie fuyant du camp de Porsenna; d'après Maturino; Camaïeu à trois planches. B. t. XII,

p. 96. IIe épreuve avec la marque d'Andréani, et l'année 1608.

BOLDRINI (NICOLAS). *Né à Vicence, vers* 1530.

132 Vénus et l'Amour; d'après le Titien, 1566, gravé à une seule taille. B. t. XII, p. 126.

Étude d'un homme à cheval; d'après Jean-Antoine Regillo, dit Pordenone; Camaïeu de deux planches. B. t. XII, p. 145.

Un paysan à cheval, portant un lièvre au bout d'un bâton; d'après le Titien, 1566; Camaïeu de deux planches. B. t. XII, p. 152.

3 Pièces.

GHANDINI (ALEXANDRE). *Né vers* 1570.

133. La Vierge et l'enfant Jésus accompagnés de plusieurs saints et de quatre anges; d'après François Mazzuoli; Camaïeu de trois planches. B. t. XII, p. 65.

CORIOLANO (BARTHELEMY). *Né probablement à Bologne, vers* 1590.

134. La Vierge et l'enfant Jésus; d'après Guido Reni: Pièce ovale; Camaïeu de trois planches. B. t. XII, p. 52.

Deux épreuves du IIe état de la planche, l'une des deux est rognée.

Quatre Sibylles assises; d'après Guido Reni;

Camaïeu de deux planches. B. t. XII, p. 87 et 88.

Jupiter foudroyant les géants; d'après Guido Reni : grande composition de quatre morceaux avec l'année 1648 et les armoiries ; Camaïeu de trois planches. B. t. XII, p. 113.

La même composition gravée aussi en quatre planches, avec l'année 1641. B. t. XII, p. 114.

Etude d'un géant écrasé ; d'après Guido Reni; Camaïeu de trois planches, 1638. B. t. XII, p. 116.

La Paix et l'Abondance; d'après Guido Reni; Camaïeu de deux planches. B. t. XII, p. 131. Iere épreuve avec les armes et une dédicace à Santo Guidoto.

IIe épreuve sans armes et avec l'année 1627.

IVe épreuve, la planche noir seulement, sans les demies teintes.

Une thèse soutenue par Jacques Gotti; d'après Guido Reni; Camaïeu de deux planches, 1640. B. t. XII, 139.

12 Pièces.

CAMAÏEUX, par divers Anonymes.

135. Abraham prêt à sacrifier son fils; d'après Fr. Mazzuoli. Camaïeu de deux planches. B. t. XII. p. 22.

Repos en Egypte; d'après Fred. Baroccio. Camaïeu a deux planches. B. t. XII, p. 36.

La Vierge et l'enfant Jésus, d'après François Mazzuoli. Camaïeu à deux planches. B. t. XII, p. 56. *Ovale en long.*

Les quatre Pères de l'Eglise, d'après Dom. Beccafumi. Camaïeu à deux planches. B. t. XII, p. 84

Circé buvant devant les compagnons d'Ulysse, d'après Fr. Mazzuoli. Camaïeu à deux planches. B. t. XII, p. 111.

Cinq autres pièces aussi en camaïeux, dont une copie d'après Hugo de Carpi.

10 Pièces.

GRAVURES EN BOIS A UNE SEULE TAILLE,

PAR DIVERS GRAVEURS.

136. Assemblée du Sénat de Venise ; — sept paysages ; — caricature du Laocoon, représenté par un grand singe avec deux petits, etc. ; d'après le Titien.

Le Déluge, grande composition en quatre morceaux.

Massacre des Innocents, grande composition, en deux morceaux.

Martyre de plusieurs saints attachés en croix à des arbres. Très grande composition en huit morceaux.

14 Pièces.

137. Le massacre des Innocents et une Sainte Famille, d'après Campagnola, 1517. Plus, diverses pièces d'après Raphaël, Salviati et autres, dont une grande pièce gravée à la Chine.

En tout 18 Pièces.

MAZZUOLI (FRANÇOIS), dit LE PARMESAN, *né à Parme en* 1503.

138. Quatre petites eaux fortes gravées par lui ou par le maître F. P. et 6 autres pièces, d'après ses dessins.

10 Pièces.

MELDOLA (ANDRÉ), faussement nommé ANDRÉ SCHIAVONE, *né vers* 1510.

139. Moïse trouvé sur le Nil, n° 2.

La Pêche miraculeuse, d'après Raphaël; la même composition forme le sujet d'un des cartons d'Hampton-Court, n° 20.

Résurrection de Jésus-Christ. 3 Pièces.

Les Pièces de ce maître sont rares.

FAUTUZZI (ANTOINE), *né à Trente*, 1510, et autres graveurs classés par Bartsch, sous le titre d'ÉCOLE DE FONTAINEBLEAU. *

Le nom de cet artiste se trouve déjà mentionné dans ce Catalogue, mais il semble qu'il soit dans sa destinée de ne pouvoir se trouver seul, puisque, pour ses gravures en

* Le *Peintre-Graveur*, t. XVI.

bois, il est classé parmi les graveurs en camaïeux, et que, pour celles à l'eau forte, il est réuni aux autres artistes venus en France avec Primatice.

Ces maîtres, peu connus jusqu'à présent, ont cependant laissé des travaux nombreux. La plupart d'entre eux n'ont employé aucune marque sur leurs ouvrages, ou du moins ne l'ont fait que rarement. Antoine Fautuzzi a été long-temps regardé comme n'étant pas le même qu'Antoine de Trente, connu par ses gravures en camaïeux. Léonard Thiry a été présenté aussi sous les noms de Daven, Davente et Davis: les uns l'ont fait naître à Ostie, d'autres à Lyon; il paraît plus probable qu'il est né à Deventer. L'article le plus intéressant à son égard est celui de M. Brulliot, dans sa *Table générale des monogrames.* Munich, 1820, in-4o, no 1781.

140. Six pièces par Fautuzzi, six par Léonard Thiry, deux par Dominique Barbieri, dit *Fiorentino* et plusieurs autres par des anonymes, d'après Primatice, Rosso, Lucas Penni.

En tout, 28 Pièces.

FRANCO (Jean-Baptiste), dit Semoleo, *né à Udine, probablement en* 1510.

141. Moïse, frappant le rocher, no 2.* — Les Israélites ramassant la mâne, no 4, IIe épr. — Jésus-Christ, prêchant dans le temple, no 9, Iere épr., avant le nom de *Franco.* — Jésus-Christ portant sa croix, no 11, Iere épr. avant l'adr. *in Venetia*, etc. — Saint Pierre

* Le *Peintre-Graveur*, T. xvi.

et saint Paul guérissant un boiteux, nº 15, Iere épr. avant le nom de *Franco*. — Résurrection du Lazare, nº 16. — Jésus-Christ porté au tombeau, nº 20, *Rognée*. — Sainte Famille, nº 27. — Saint Jean-Baptiste, nº 34, IIe épr. avec ces mots : *Battista Franco fecit*. — Hercule tuant l'hydre, nº 39, IIe épr. avec le nom de *Franco*. — Bacchanal, nº 41. — Diane et ses nymphes, nº 46, Iere épr. *avant la lettre*. — Six bas-reliefs de l'histoire de Trajan, nº 48 à 53, *sur une seule planche* : épreuve fort rare à trouver ainsi. Larg. 15 p. 4 l. ; haut. 11 p. — Continence de Scipion, nº 54. — Allégorie, nº 65, Iere épr. *avant la lettre*. — Allégorie, etc., nos 58, 66 et 76, sur la même planche ; *très belle épr*. — Autre allégorie, nº 64, Iere épr. *avant la lettre*. — Des animaux, nos 78 et 80. *Rares*, etc.

26 Pièces.

LES MANTOUANS.

GHISI (JEAN-BAPTISTE), *né à Mantoue vers* 1515.

142. Les Troyens repoussant les Grecs jusqu'à leurs vaisseaux, d'après Jules Romain, 1538, nº 20 *. Pièce des plus recherchée de ce maître, *Belle épreuve*.

GHISI (GEORGE), *né à Mantoue vers* 1520.

143. La Visitation, d'après Fr. Salviati, nº. 1. La

* Le *Peintre-Graveur*, T. XV.

mesure donnée par Bartsch est fautive; elle porte, larg. 18 p. 4 l.; haut., 11 p. 5 l. Ière épreuve, sans adresse.

144. La Trinité, grande composition allégorique en hauteur, 1576, nº 14.

L'homme de douleur, nº 15. *Fragment du milieu seulement.*

Caïus Marius dans la prison de Minturne, d'après Polidore Caldara, nº 26.

Sinon, les yeux bandés, venant au milieu des Troyens leur faire une fausse confidence, relative au cheval de bois, qu'il veut introduire dans la ville, d'après J.-B. Ghisi, nº 28. *Épr. défectueuse.*

Les Grecs entrant dans la ville de Troie, d'après J. B.-Ghisi, nº 29. *Épr. défectueuse.*

5 Pièces.

145. Les Muses et Apollon, suite de 4 pièces en hauteur, d'après François Primatice, nº 36 à 39.

4 Pièces.

146. Les Dieux de la fable, suite de 4 pièces ovales en largeur, d'après Fr. Primatice, nº 48 à 51.

4 Pièces.

147. Vénus caressant Adonis, à son retour de la chasse; d'après Théod. Ghisi, nº 42. Psyché et l'Amour sur un lit, d'après Jules Ro-

main, 1574, nº 45. Épreuve avec l'adresse de Nic. Van Aelst.

Hercule assis, appuyé sur sa massue, 1567, nº 56. *Belle épreuve.*

Naissance de Memnon, fils de Titon et de l'Aurore, d'après Jules Romain, nº 57. Épreuve où dans l'année 1568, le chiffre 8 est surchargé d'un o.

4 Pièces.

148. Le Jugement de Pâris, d'après J.-B. Ghisi, 1555, nº 60. *Belle épreuve.*

Soldats romains conduisant des prisonniers, d'après Jules Romain, nº 68.

2 Pièces.

GHISI (ADAM), *né à Mantoue vers* 1530.

149. Hercule assis, en balance entre le Vice et la Vertu, d'après Jules Romain, nº 26.

Trois autres Pièces, dont la Servitude, nº 103.

GHISI (DIANE), *née à Mantoue vers* 1540.

150. La femme adultère renvoyée par Jésus-Christ, d'après Jules Romain, avec la dédicace et l'année 1575, nº 4.

151. Scipion l'Africain, rendant à son mari une femme qui venait de lui être amenée comme

esclave; sujet connu sous le nom de *la continence de Scipion;* d'après Jules Romain, nº 33.

Horatius Coclès, d'après Jules Romain, nº 34.

Latone donnant naissance à Apollon et à Diane, dans l'île de Délos, d'après Jules Romain, nº 39.

Préparatifs pour les noces de Psyché, grande composition en trois planches, d'après Jules Romain, 1575, nº 40. *L'épreuve est belle, mais le papier est fatigué et doublé.*

4 Pièces.

FARINATI (PAUL), *né à Vérone en* 1522, *et* HORACE, *son fils.*

152. Saint Jean l'évangéliste, assis sur les nuées et tenant un grand livre sur ses genoux, nº 3. — Descente de croix. — Et une sainte famille.

3 Pièces.

ALBERTI (CHÉRUBIN), *né à Borgo-San-Sepolcro, en* 1522.

153. Paul foudroyé sur la route de Damas, d'après André del Sarte, etc.

3 Pièces.

CAVALLERIIS (JEAN-BAPTISTE), *né à Lagherino vers* 1525.

154. Moïse présentant les tables de la loi, d'a-

près Raphaël ; — massacre des innocens ; — la pêche miraculeuse, 1559. — Plusieurs bas-reliefs, et des monuments antiques d'architecture.

23 Pièces.

BAROCCIO (FRÉDÉRIC), dit le *Baroche, né à Urbin en* 1528.

155. L'Annonciation, nº 1, et saint François, stygmatisé, nº 3.

2 Pièces.

ROTA (MARTIN), *né à Lebendes vers* 1540.

156. Le Jugement dernier ; d'après Michel-Ange, 1569, nº 28. Ière épreuve, avec l'adresse de *L. Guanirony*, et une copie de la même grandeur. — Le Martyre de saint Pierre le Dominicain, nº 20.

3 Pièces.

PALME (JACQUES), *né à Venise en* 1544.

157. Jésus-Christ au milieu de ses apôtres, etc.

4 Pièces.

TEMPESTA (ANTOINE), *né à Florence en* 1555.

158. Dieu créant les animaux. — Judith dans la tente d'Holopherne. — Les quatre éléments. — Les quatre saisons. — Les sept merveilles du monde. — Des batailles, des chasses, etc.

38 Pièces.

CARRACHE (LOUIS), *né à Florence en* 1555.

159. La Vierge et l'enfant Jésus, 1592, nº 1.* Iere épreuve, avant le nom de *Stefanoni*, deux autres pièces d'après lui.

CARRACHE (AUGUSTIN), *né à Bologne en* 1557.

160. La Vierge et l'Enfant-Jésus, nº 31. — Le grand crucifiement; d'après Tintoret, nº 23. — Saint Jérôme, nºs 73 et 75. — Le Mariage de sainte Catherine, nº 98. — Le corps mort de J.-C., dit *le Christ de Caprarole;* d'après Annibal Carrache, nº 101. — Enée sauvant son père Anchise; d'après Frédéric Baroche, nº 110. — Deux scènes de théâtre, nºs 121 et 122. Iere épreuve avant le nom de *Succhielli*, etc.

15 Pièces.

161. Sujets lascifs dits les *Amours des Dieux*, nºs 124, 127, 128, 129, 131, 132, 134 et 135. *Épreuves modernes.*

8 Pièces.

162. Portraits tirés de l'histoire des ducs de Milan, in-4º.

24 Pièces.

163. Cartouche vide pour les armes d'un pape, nº 158. — Les armes d'un évêque, nº 159. Iere et IIe épreuves, sur la première *il est écrit à*

* Le *Peintre-Graveur*, T. XVIII.

l'encre P. M. (Pierre Mariette). — Armes du cardinal Aldobrandini, nº 160. — Les armes du même cardinal, nº 161, avec le nom *P. Mariette,* 1666 : la pièce porte en hauteur 9 pouces 4 lig. — Les armes du duc Buoncompagni, nº 165. *Pièce très belle et très rare.* — Les armes du cardinal Franciotti, nº 171. IIe épreuve avec le griffon. — Les armes du duc de Mantoue, nº 172. — Les armes du cardinal Peretti, nº 175. *Très rare.* — D'autres armes du cardinal Peretti, nº 176. Iere épreuve, *non décrite* par Bartsch, au bas est la devise OPEM TUAM au lieu de FER OPEM. *Très rare.* IIIe épreuve, décrite par Bartsch, comme la deuxième. — Les armes du cardinal Sampieri, nº 177. La pièce est entière; elle porte en hauteur 5 pouces 3 lignes, en largeur 4 pouces. *Très rare.* — Les armes du cardinal Sega, nº 179. *Très rare.* Et 6 autres pièces.

En tout 13 Pièces.

164. L'éventail, nº 260. Iere épreuve avant le nom de Carrache. *Très belle et entière.* Elle porte en hauteur 14 pouces. — Le grand plan de Bologne, avec la frise, nº 263. IIe épreuve.

165. La lettre A avec une aigle, nº 264. *Belle.* — Trophée d'armes dans un cartouche, nº 265. *Contre épreuve.* — Deux enfants auprès d'un

cartouche vide, nº 271. *Épreuve et contre-épreuve.* — L'entrée d'une serrure, nº 273.

5 Pièces.

166. Les deux scènes de théâtre, nºs 121 et 122. Iere épreuve avant le nom de Succhielli. — Les armes du cardinal Aldobrandini, nºs 160 et 161. — Celles du duc Buoncompagni, nº 165. *Très rare.* — Celles du duc de Mantoue, nº 172. — La frise du grand plan de Bologne, nº 263. IIe épreuve. — L'entrée d'une serrure, nº 273.

8 Pièces.

CARRACHE (ANNIBAL), *né à Bologne en* 1560.

167. Susanne au bain, nº 1. Pièce capitale du maître. Épreuve avant la lettre. *Rare.*

168. L'adoration des bergers, nº 2. Avant et avec le nom de Van Aelst.

Le Couronnement d'épines, 1606, nº 3.

Le corps mort de J.-C., dit *le Christ de Caprarole*, 1597, nº 4. IIe épreuve avant le nom de Van Aelst.

4 Pièces.

169. La Vierge et l'enfant Jésus, 1581, nº 8. Pièce gravée au burin. — La Vierge à l'écuelle, nº 9. Trois épreuves : une avant la lettre, et une avec le nom de Van Aelst. — Saint Jérôme

mettant ses lunettes, nº 13. — La Madeleine, 1591, nº 16. Iere épreuve avant la marque de Stefanoni. — Silène buvant, pièce dite *la soucoupe*, nº 18, etc.

24 Pièces.

BRIZIO (FRANÇOIS), connu sous le nom de BRICCI, *né à Bologne en* 1575.

170. Les armes du cardinal Mathée, nº 11. — Celles de l'évêque Scapi, nº 13. — Celles du cardinal Spinola, nº 14. — Celles du cardinal Aldobrandini, nº 15. *Deux épreuves différentes.* — Celles du duc de Mantoue, nº 16. — Celles d'un cardinal portant pour devise TE DUCE, nº 19. — Deux frontispices de livres, nos 25 et 26. Ce dernier avant la lettre, et *très rare.* — Catafalque élevé en l'honneur d'Augustin Carrache, par les académiciens de Bologne, nº 30.

10 Pièces.

FIALETTI (EDOUARD), *né à Bologne en* 1573.

171. Les noces de Cana, d'après Tintoret; Diane, d'après Pordenone; onze pièces de l'histoire de l'Amour, etc.

21 Pièces.

ROSA (SIXTE), dit BADALOCCHIO, *né à Parme vers* 1580.

172. Sainte famille; d'après Schidone, nº 25. —

Peintures du dome de Parme; d'après Antoine Allegri, nos 27 à 32.

7 Pièces.

SCHIAMINOZZI (RAPHAEL), *né à Borgo di san Sepolcro vers* 1580.

173. Saint Bernard; — sainte Marie-Madeleine; et plusieurs figures allégoriques.

9 Pièces.

RENI (GUIDO), *né à Bologne en* 1575.

174. Deux Saintes Familles, nos 7 et 10. — Trois enfants portant un plateau avec trois verres, no 18. — Saint Roch distribuant des aumônes, no 53. — Plusieurs eaux-fortes d'après lui.

22 Pièces.

CALETTI (JOSEPH), dit CREMONESE, *né à Ferrare vers* 1600.

175. David portant la tête de Goliath, no 2. Deux épreuves. — Saint Roch, no 5.

3 Pièces.

CANTARINI (SIMON), dit PESARÈSE, *né à Oropezza, près Pesaro, en* 1612.

176. Adam et Ève, no 1. — La Vierge et l'Enfant Jésus, no 17. — Saint Jean dans le désert, no 23. — Saint Sébastien, no 24. — Saint An-

toine de Padoue, n° 25. — Mercure et Argus, n° 31. Cette pièce est la plus importante de ce maître. — Plusieurs copies.

En tout 14 Pièces.

LOLLI (LAURENT), *né à Bologne vers* 1612.

177. La Vierge adorant l'enfant Jésus, n° 4. — La Vierge et saint Antoine de Padoue, n° 8. — Saint Jérôme, n° 14. — Sujets d'Amours et autres, nos 19 à 24, 26, 30 et 31.

12 Pièces.

SIRANI (ELISABETH), *né à Bologne en* 1638.

178. La Vierge de douleurs, n° 7.

BARBIERI (FRANÇOIS), dit LE GUERCHIN, *né à Cento vers* 1590.

179. Saint Antoine de Padoue, n° 1.

Recueil de trente-deux dessins originaux de J.-F. Barbieri, dit le Guerchin, existant dans la galerie royale de Florence. Grav. en cuivre, avec imitation de grandeur, couleurs, etc.; par Etienne Mulinari. Florence, 1797. In-folio cart., 33 pl.

CONGIO (CAMILLE), *né Rome vers* 1590.

180. Vignettes pour la Jérusalem délivrée, édition de 1617; d'après les dessins de Bernard Castelli.

22 Pièces.

RIBERA (JOSEPH), dit l'ESPAGNOLET, *né à Gallipoli, dans le royaume de Naples, en* 1593.

181. Saint Pierre.—Saint Jérôme.—Bacchus ivre. — Portrait de don Juan d'Autriche, à cheval.
4 Pièces.

PASCALINI (JEAN-BAPTISTE), *né à Cento, près de Bologne, vers* 1600.

182. Résurrection du Lazare, 1621, et trois autres pièces, d'après François Barbieri.
4 Pièces.

GRIMALDI (JEAN-FRANÇOIS), dit BOLOGNESE, *né à Bologne en* 1606.

183. Paysages en rond, nos 2, 4, 6, 7 et 8. — Petits paysages en largeur, nos 21 et 23. — Grand paysage en largeur, no 33.
8 Pièces.

BELLA (ETIENNE DELLA), *né à Florence en* 1610.

184. Le reposoir.—Le vase de Médicis.—L'entrée de l'ambassadeur de Pologne à Rome, en 1633. — Paysages; — marines, etc.
83 Pièces.

PO (PIERRE DEL), *né à Palerme en* 1610.

185. La Samaritaine, d'après An. Carache. — La

Vierge et l'enfant Jésus, entourés d'anges, et adorés par saint Jean l'évangéliste et saint Augustin.

CARPIONI (Jules), *né à Venise en* 1611.

186. Saintes Familles, nos 5*, 7 et 8. Iere épreuve, avant le nom de Cadorin. — Saint Jérôme, no 12. — La Madeleine, no 10. Iere épreuve, avant le nom de Cadorin. — Vénus entourée d'Amours, no 14. *Rare.* — Les quatre éléments, nos 15 à 18. — Jeux d'enfants, nos 19 et 20. — Une petite Sainte Famille en ovale, l'enfant Jésus à demi-couché sur les genoux de la Vierge, veut jouer avec l'agneau que lui présente saint Jean-Baptiste. *Non décrite par Bartsch;* au milieu du bas est écrit : G. Giulio Carpioni. A mi-hauteur à droite, sur la base d'un vase, on voit les lettres C. S. F.

H. 3 p. 3 l. — Larg. : 2 p. 5 l.

Un petit Satyre dansant et frappant des cymbales. *Non décrit par Bartsch.*

Diamètre. 2 p. 11 l.

En tout 14 pièces.

DUGHET (Gaspar), dit Guaspre Poussin, *né à Rome en* 1613.

187. Quatre paysages en largeur, nos 5 à 8. — Six autres d'après lui; par Audran.

10 Pièces.

* Le *Peintre-Graveur*, T. XX.

ROSA (SALVATOR), *né à Renella en* 1615.

186. Saint Albert, n° 2. — Platon et ses disciples, n° 3. — Alexandre chez Apelles, n° 4. — Diogène et Alexandre, n° 6. — OEdipe, n° 8. — Régulus, n° 9. — Polycrate en croix, n° 10, etc. 11 Pièces.

CASTIGLIONE (JEAN-BENOIT), dit LE BENEDETTE, *né à Gênes en* 1616.

187. Les animaux entrant dans l'arche, n° 2. Iere épreuve avant la retouche. — La marche de Jacob avec ses troupeaux, n° 4. Deux épreuves, dont une retouchée à la plume. — Tobie faisant ensevelir les morts, n° 5. — La Nativité, nos 7 et 11. — Fuite en Égypte, n° 12. Iere épreuve avant l'adresse de *Rossi*. — Fuite en Égypte, n° 13. — Invention des corps de saint Pierre et saint Paul, n° 14. — Pan et Olympe, n° 15. — Fête de Pan, n° 16. — Le génie de Castiglione, n° 23. — Tombeau ouvert, n° 24. — Les quatre savants, n° 25. — Une femme assise au milieu de ruines, n° 26. Iere épr. avant l'adresse de *Rossi*. — Deux hommes et un enfant dans des ruines, n° 27. — Sujets de bétails, nos 28, 29 et 30. — Suite de petites têtes d'études, nos 32 à 46; *manque le* n° 47. — Suite de têtes plus grandes, nos 48, 50 à 53. — 37 Pièces.

188. Le Christ en croix, tourné à droite. Pièce imprimée dans le genre du lavis. *Très rare*, et non décrite par Bartsch.

H. 18 pouces. —Largeur, 9 pouces 4 lignes.

Un enfant debout dans des ruines ; fragment du n° 27 ; imprimé dans le genre du lavis. *Très rare*.

2 Pièces.

CASTIGLIONE (SALVATOR), *né probablement à Gênes vers* 1620.

189. Résurrection du Lazare ; la seule pièce qu'on connaisse de ce maître.

TESTA (PIERRE), dit LUCCHESINO, *né à Luques, en* 1617.

190. Repos en Égypte ; — Achille traînant le corps d'Hector ; — mort de Caton d'Utique ; — cinq grandes compositions allégoriques, etc.

12 Pièces.

Divers sujets, d'après Pierre Testa ; par J.-César Testa, Collignon, etc.

En tout 28 Pièces.

GALESTRUZZI (JEAN-BAPTISTE), *né à Florence en* 1618.

191. Saint Luc peignant le portrait de la Vierge, et plusieurs bas-reliefs.

4 Pièces.

MARATTI (CARLE), *né à Camerano en* 1628.

192. Quatre Saintes Familles en ovales, 1647. — La vie de la Vierge. 6 Pièces en haut. — Quatre pièces de la vie de Jésus-Christ; sujets cintrés. En tout 14 Pièces.

BISCAÏNO (BARTHÉLEMY), *né à Gênes en* 1632.

193. Moïse trouvé sur les eaux, n° 1. — La Nativité, n° 6. — La grande Nativité, n° 7. IIIe épreuve; au milieu du bas est écrit : *In Bassano per il Remondini.* — Autre Nativité, n° 22. En bas est écrit, à gauche : 301; à droite: *in Bassano*, etc. — L'Adoration des rois, petit ovale, n° 8. Iere épreuve avant le nom de *Daman.* — L'Adoration des rois, n° 9, au milieu du bas : N° 53. — La Circoncision, n° 10. — Hérodiade, n° 12. Ire épreuve avant le nom de *Daman.* — L'enfant Jésus, dans un ovale, n° 14. — Saintes Familles, nos 18 et 19. — Saint Antoine trouvant mort l'ermite saint Paul, n° 37. Iere épreuve avant le nom de *Daman.* — Galathée, n° 40.

Résurrection du Lazare, Jésus-Christ est debout à gauche. *Pièce non décrite par Bartsch.*

En tout 14 Pièces.

MITELLI (JOSEPH-MARIE), *né à Bologne en* 1634.

194. La Nativité et le Portement de croix, d'après

Paul Cagliari. L'Assomption de la Vierge, d'après Aug. Carrache, etc.

9 Pièces.

BARTOLI (PIETRO SANTI), *né à Pérouse en* 1635.

195. Saint Jean dans le désert, d'après F. Mola. — Jupiter nourri par la chèvre Amalthée.—Hylas enlevé par les nymphes, et autres tableaux de Jules Romain; bas-reliefs; monuments d'architecture.

23 Pièces.

196. Camaïeux peints par Raphaël dans le palais du Vatican, et gravés par Pietro Santi. 43 Pl. un vol. in-4° oblong, basane.

MATTIOLI (LOUIS), *né à Crevalcore en* 1662.

197. Un enfant regardant un oiseau de proie qui enlève des petits oiseaux attachés avec un fil; d'après Joseph Crespi.

BALESTRA (ANTOINE), *né à Vérone en* 1666.

198. Saintes Familles, nos 1 et 2. — Deux guerriers, n° 3. — Le portrait de Michel San-Micheli, architecte. *Rare.*

ZANETTI l'ancien (ANTOINE-MARIE), *né à Venise en* 1680, *mort en* 1757.

C'est lui qui commença la collection d'estampes qui fait la principale partie de ce Catalogue; il acheta les œuvres de

Lucas de Leyde, de Rembrandt et de Callot, forma celui de Marc-Antoine, de George Pencz, rassembla les pièces des graveurs de son école, ainsi que celles des Mantouans, d'Antoine Fantuzzi, et les camaïeux de Hugo da Carpi, Andreani, etc. N'ayant pas d'enfants, son cabinet passa à ses neveux, Antoine-Jérôme et Antoine-Marie Zanetti. L'aîné, né en 1713, fut un savant distingué; il remporta deux prix à l'Académie royale des Belles-Lettres de Paris, et fut membre de l'Académie de Padoue. Il mourut en 1782.

199. Dodici teste e figure disegnate e intagliate, all' acqua-forte, da A. M. Z. (Antoine-Marie Zanetti), nell' età d'anni quatordici. In-4°.
5 Pièces seulement.

CANAL (JEAN-ANTOINE), dit CANALETTO, *né à Venise en 1697.*

200. Recueil intitulé : Vedute, altre dai luoghi, altre ideate da Antonio Canal, e da esso intagliate, etc. Grand in-folio en larg.
31 Pièces.

ZUCCARELLI (FRANÇOIS), *né à Pitigliano en 1704.*

201. Fuite en Égypte, et deux autres pièces; d'après Jean Manozzi.
3 Pièces.

ZUCCHI (LAURENT), *né à Venise en 1704.*

202. La Vierge et saint Joseph; d'après D. Angeli. — La nativité; d'après Bambini, etc.
4 Pièces.

ZANETTI le neveu (ANTOINE-MARIE), *né à Venise vers* 1720, *mort en* 1778.

Littérateur distingué et amateur des beaux-arts, il fut bibliothécaire de Saint-Marc, et publia plusieurs ouvrages sur les arts. Il conserva et augmenta la collection d'estampes qu'avait formée son oncle, principalement en maîtres vénitiens et en copies faites d'après les pièces les plus rares de Rembrandt, par Cumano, Novelli et Sardi.

Son fils, riche banquier, conserva encore la belle collection formée par son aïeul; mais les héritiers de ce dernier la vendirent, en 1791, à M. Denon.

203. Varie pitture a fresco de' principali maestri veneziani, ora la prima volta con le stampe publicate.

Venise, 1760. In-folio en feuilles.

24 Planches.

ROTARI (PIERRE), *né à Véronne en* 1707.

204. Sainte Ane montrant à lire à la Vierge. — Saint François. — Plusieurs autres pièces, tant d'après son dessin que d'après Ant. Balestra son maître.

8 Pièces.

PIRANESI (JEAN-BAPTISTE), *né à Rome* 07.

205. Trofeo o sia magnifica colonna coclide di marmo, composta di grossi macigni ove si veggono scolpite le due guerre daciche fatte da Trajano, inalzata nel mezzo del gran foro eretto al medesimo imperadore, per ordine del senato

e popolo romano, doppo i suoi trionfi. Il tutto architettato da Apollodoro, etc. Tr. gr. in-folio en feuilles.

28 Pièces.

LONDONIO (François), *né à Milan en* 1723.

206. Suite de scènes pastorales, dédiées au comte Charles de Firmian. 12 gr. p. en larg. Étude d'une vache et d'un veau, 1759. P. p. en haut.

13 Pièces.

TIEPOLO (Jean-Dominique), *né à Venise vers* 1726.

207. Divers sujets de l'ancien et du nouveau Testament; saints et saintes; sujets mythologiques et allégoriques; têtes d'études, etc. Gravés à l'eau-forte.

62 Pièces.

CUNÉGO (Dominique), *né à Véronne en* 1727.

208. La Modestie et la Vanité. *Avant la lettre*. La Magdeleine et le portrait de Béatrice Cenei; d'après Guido Reni.

3 Pièces.

NOVELLI (Pierre-Antoine), *né probablement à Venise vers* 1720.

209. Saint Antoine et saint Paul, ermites, 1761. M. p. en haut. Et une tête d'étude. Tr. p. p. en haut.

2 Pièces.

LONGHI (Alexandre), *né en Italie en* 1730.

210. L'Adoration des bergers, et le philosophe Pythagore; d'après Pierre Longhi. Plus, deux études, à l'eau-forte, par Joseph Longhi, son fils, actuellement vivant.
4 Pièces.

BARTOLOZZI (François), *né à Florence en* 1730.

211. Figures de saints et saintes; un Christ en croix; deux vignettes, d'après Paccini, et un paysage d'après Augustin Carrache; gravures à l'eau-forte dans sa première manière.
17 Pièces.

212. Gravures à l'eau-forte, d'après Barbieri.
16 Pièces.

213. Massacre des Innocents, d'après Guido Reni, gravé en 1807 pour le Musée français, par Bartolozzi, à l'âge de 82 ans. Épreuve *avant la lettre* et avec toute sa marge.

GOYA (françois), *né à Lucques vers* 1740.

214. Caricatures gravées à l'eau-forte et au lavis; petit in-folio, basane, 80 planches.

BETTELINI (Pierre), *né à Lugano vers* 1748.

215. Statue de Palamède, par Canova, vüe de face et par derrière; deux épr. avant et avec la lettre.
4 Pièces.

DAVID (JEAN), *né à Gênes vers* 1755.

216. Quatre fresques peintes par And. Mantegna, dans l'église des ermites à Padoue, et représentant les martyres de saint Jacques et de saint Christophe, avec un frontispice, 1776.

5 Pièces.

217. Quatre autres fresques, dont une représentant trois chevaliers armés et combattant un dragon, peintes par Jacques Bellini en 1430; les trois autres de Jules Romain.

4 Pièces.

218. Six sujets divers dédiés au comte Durazzo, 1775.

6 Pièces.

Six sujets divers, dédiés à Me Ernestine Durazzo, dont le portrait est sur le frontispice, 1776.

Neuf sujets divers gravés à l'eau-forte avec un peu de lavis.

Deux pastorales gravées au lavis.

Un fumeur, d'après Téniers, gravé au lavis.

24 pièces.

219. *Divers portraits gravés à l'eau-forte, et dédiés à M. Dominique Corvi, peintre célèbre, par Jean-David Génois, son élève, à Venise*, 1775.

Ces figures en pied sont plutôt des costumes des différents états de Venise; au bas de chacun, un vers de Boileau qui fait allusion à l'état représenté.

12 pièces.

MORGHEN (RAPHAEL), *né à Naples vers* 1760.

220. Portrait de Morghen vu de profil, gravé à la pointe sèche par M. Thomas Piccini, amateur et son ami. *Très rare.* Tête de Jupiter Ægiocus, d'après une pierre gravée de 2 pouces et demi de diamètre, trouvée à Éphèse en 1793.

2 Pièces.

LONGHI (JOSEPH). *Italie*, 1760 ?

221. Tête de Vierge d'après Dolci; le portrait du comte de Castiglione, d'après Raphaël; celui de Rembrandt d'après lui; portrait d'un nègre d'après Rubens, etc.

7 Pièces.

ASIOLI (G.) *Italie*, 1760 ?

222. L'Honneur et la Vigilance; d'après Louis Carrache, *avant et avec la lettre.*

4 Pièces.

NOVELLI (FRANÇOIS), *né à Venise vers* 1760.

223. Recueil de 86 copies d'après Rembrandt, par Novelli et Cumano; plus, 54 contre-épreuves, et 31 eaux-fortes des mêmes artistes; d'après leurs propres dessins, et aussi d'après ceux de M. Denon; quelques-uns seulement d'après

Raphaël, Titien et Parmésan. Un vol. in-fol., en maroq. rouge.

171 Pièces.

224. Portraits de Rembrandt, de l'avocat Tolling; le Samaritain, et autres copies d'après Rembrandt. 23 Pièces.

La Calomnie, Orphée et Eurydice, têtes d'étude, etc.; d'après André Mantegna, Raphaël, Pierre-Antoine Novelli, Denon, etc.

21 Pièces.

Sainte Famille; Hercule en repos, études, gravures en bois, 6 pièces.

En tout 50 Pièces.

225. Plusieurs pièces doubles de l'article précédent.

18 Pièces.

CUMANO. *Italie*, 1760?

226. Copies d'après Rembrandt, et le portrait de Mme Lebrun, occupée à peindre un portrait de Raphaël.

8 Pièces.

FONTANA (Pierre). *Italie*, 1780?

227. Une femme en buste tenant un petit vase, d'après Léonard de Vinci. — Statue de Minerve, d'après l'antique. — Une tête, d'après Antoine Canova.

3 Pièces.

ROSASPINA (FRANÇOIS). *Bologne*, 1780?

228. Le Christ mort, d'après le Corrège. — Tête de saint François, d'après le Dominiquin. — Études de dessins; plusieurs coquilles sur la même planche.

7 Pièces.

PINELLI (BARTHÉLEMY), *né à Rome vers* 1780.

229. Recueil de cinquante costumes, dessins et gravures. Rome, 1809, in-4° oblong.

PIAGGIO (JOSEPH), *né à Gênes vers* 1790.

230. Un vieillard aveugle sentant le corps mort d'un de ses enfants, d'après F. Sabacelli; études de têtes et autres; d'après Castiglione, Labelle.

14 Pièces.

Essais de gravure, d'après un nouveau procédé, trouvés le 20 mai 1812, par Joseph Piaggio. 7 Pièces.

En tout 21 Pièces.

EAUX-FORTES, PAR DIVERS MAITRES.

231. Différents sujets gravés à l'eau-forte par Franco; Marco del Moro, Salembeni, César Testa, Sirani et autres maîtres de l'école du Guide.

78 Pièces.

232. Divers sujets gravés à l'eau-forte par Benedetto

Castiglione, François Barbieri, Horace Borgiani, Valésio, Bossi, Tiepolo, etc.

48 Pièces.

233. Divers sujets gravés à l'eau-forte par Madrozzo, Morillos, Scotti, Gubernati, Piaggio, et Sabatelli.

24 Pièces.

234. Imitations de dessins à l'eau-forte et au lavis, par Kirchall, Prestel, Earlom, Lewis, Jackson, Le Sueur, Le Prince, Palmérius, etc.; d'après Michel-Ange, Raphaël, le Guide, les Carraches, Rembrandt, etc.

54 Pièces.

PEINTRES DIVERS.

235. Différens sujets d'après André Mantegna, Nicolo del l'Abbate, Le Bassan et Castiglione.

40 Pièces.

236. Divers sujets d'après Raphaël, par des graveurs anciens et modernes.

51 Pièces.

237. Divers sujets d'après Michel-Ange, Pordenone, les Carraches, et autres maîtres italiens.

38 Pièces.

238. Divers sujets par Grégori, Carmona, Capellan, Fontana, Balzar, Balestra, Rosaspina et autres graveurs italiens modernes.

24 Pièces.

ÉCOLES GERMAINES.

SCHONGAUER (MARTIN), dit MARTIN SCHOEN, *né à Augsbourg vers* 1430.

239. Fuite en Égypte, n° 7 (*le papier a reçu une teinte rousse*).

LUCAS DE CRANACH, *né à Cranach en* 1470.

GRAVURES EN BOIS.

240. Adam et Ève, 1500, n° 1 (*la planche est fendue dans la hauteur*).—Sainte Famille, n° 5.

Saint Antoine transporté en l'air par les démons, 1506, n° 56 (*épreuve défectueuse*).

Un enfant à cheval, la main droite élevée, 1506; en haut les écussons de Saxe, et en bas la marque L. C.

H. 6 pouces 6 lignes. — Largeur, 4 pouces 7 ligne.

Exécution d'un homme qui va être décollé par une *guillotine*. Dans le haut les écussons de Saxe.

H. 6 pouces. — Largeur, 4 pouces 8 lignes.

Une grande fête où se trouvent réunis tous les plaisirs : banquet, jeu de cartes, danse, promenade sur l'eau et bain; très grande pièce en deux feuilles, sans marque.

6 Pièces.

DURER (ALBERT), *né à Nuremberg en* 1747.

PIÈCES EN CUIVRE.

241. Jésus-Christ en prières au Jardin des Oliviers, 1515, n° 19; gravée à l'eau-forte d'une manière dure, ce qui l'a fait regarder comme gravée *sur fer*.

M. Bartsch a bien démontré la fausseté de cette allégation, mais il est tombé dans une autre erreur, en disant que cette pièce est gravée sur étain; ce que je ne crois pas. Les taches que l'on aperçoit sur plusieurs parties de cette planche sont le résultat du peu d'habitude qu'on avait alors de se servir de l'eau-forte et d'un vernis qui, sans doute, n'était pas assez parfait pour empêcher l'acide de mordre dans quelques parties, contre le gré du graveur.

Le saint suaire porté en l'air par un ange; pièce gravée à l'eau-forte en 1516, n° 25.

PIÈCES EN BOIS.

La Flagellation et la Résurrection, partie de la grande Passion, n°s 8 et 15.

Le martyre de saint Jean, et une autre pièce de l'Apocalypse, n°s 61 et 64.

Sainte Famille, avec l'année 1511, n° 96.

Élie et Élisée dans le désert, n° 107.

Décollation de saint Jean-Baptiste, et Hérodiade recevant la tête de saint Jean, n° 125 et 126.

Quatre autres pièces sa ns marque.

La vie de la Vierge, gravée à l'eau-forte, d'après Albert Durer. 16 petites pièces.

En tout 30 pièces.

242. *Albrecht Durer, christich mythologische: handzeichungen.*

46 Planches lithographiées d'après les dessins à la main, de sujets chrétiens et mythologiques, par Albert Durer, un vol. in-fol. cartonné.

LUCAS DE LEYDE, *ne à Leyde en* 1494.

Cet œuvre est contenu dans un volume en veau, ancienne reliure; il vient du cabinet de A.-M. Zanetti, et se compose de 238 pièces, savoir :

185 pièces originales, dont 15 doubles;
16 pièces gravées en bois, dont 2 doubles;
37 pièces d'après Lucas dont 4 copies.

Il serait bien difficile aujourd'hui de former un œuvre aussi complet d'épreuves aussi brillantes et aussi bien conservées.

Le volume sera mis sur table dans son intégrité; s'il n'est pas fait d'offres suffisantes, les estampes seront divisées par lots ainsi qu'il suit :

243. Création, chute et punition d'Adam et d'Ève, suite de 6 pièces, nos 1 à 6 [1]. *Très belle épreuve.*

244. Adam et Ève cueillant du fruit défendu. Ils sont assis l'un et l'autre, no 7

Adam et Ève cueillant du fruit défendu: Ève est assise à gauche, et Adam est debout de l'autre côté, 1519, no 8.

[1] Ces numéros sont ceux donnés par Bartchs dans le *Peintre-graveur*, t. VII, p. 337.

Adam et Ève cueillant du fruit défendu; Ève est à droite, accroupie sur un genou; de l'autre côté est Adam debout, 1529, nº 9.

Adam et Ève mangeant du fruit défendu, nº 10. *Pendant du nº* 16. *Deux épreuves, dont une défectueuse.*

Adam et Ève chassés du Paradis terrestre, 1510, nº 11.

Caïn tuant Abel, 1524, nº 13.

Lamech bandant son arc, pour tuer Caïn, près de lui est son fils Noé lui présentant une flèche, 1524, nº 14. *Pendant du* nº 13.

Abraham et les trois Anges, nº 15. *Deux épr.*

Loth et ses filles dans la caverne de Ségor, 1530. Pendant du nº 10. *Très belle épreuve de l'une des pièces les plus terminées de l'œuvre de Lucas*, nº 16. — Une copie.

Agar renvoyée par Abraham, 1516, nº 18. *Le papier est un peu coloré.*

12 Pièces.

245. Histoire de Joseph, en 5 pièces, 1512, nºs 19 à 23. *Le nº 23 a une déchirure assez longue du côté droit.*

246. Dalila coupant les cheveux de Samson endormi sur ses genoux, nº 25.

David vainqueur de Goliath, nº 26.

David jouant de la harpe devant Saül, nº 27.

David à genoux, tourné vers la droite, et priant Dieu de faire cesser la peste, n° 28.

David un genou en terre, invoquant Dieu pour la cessation de la peste, 1520, n° 29.

Salomon adorant les faux dieux, 1514, n° 30.

Esther devant Assuérus, 1518, n° 31. *Un morceau, avec une ancienne restauration à l'encre, se trouve à une partie du cou d'Esther.*

Mardochée conduit en triomphe, 1515, n° 32. *Deux épreuves*, dont une avec quelques taches.

Les deux vieillards épiant Susanne, n° 33. *Belle épreuve.*

10 Pièces.

247. Saint Joachim embrassant sainte Anne sous la porte du temple, 1520, n° 34. *Deux épr.*

L'Annonciation, n° 35. *Très belle épreuve.*

La Visitation, n° 36. *Deux épreuves.*

5 Pièces.

248. Adoration des mages, 1513, n° 37. *L'une des pièces les plus belles et les plus recherchées de l'œuvre : elle laisse beaucoup à désirer pour la conservation.*

249. Repos en Égypte, n° 38.

Jésus-Christ baptisé par saint Jean, n° 40 : et une copie.

Jésus-Christ tenté par le démon, 1518, n° 41.

Résurrection du Lazare, n° 42. *Très belle épreuve.*

5 Pièces.

250. La Passion de Jésus-Christ, suite de 14 petites pièces, 1521, n°s 43 à 56.

251. La Passion de Jésus-Christ, suite de 9 grands médaillons ronds entourés d'une bordure ou cartouche; gravée en 1509, pour être peinte sur verre, n°s 57 à 65. *Cette suite est très rare et fort belle, excepté le n° 57, qui est collé en plein.*

252. Couronnement d'épines, n° 68.

Couronnement d'épines, 1519, n° 69. *Deux épreuves*, dont une est rognée.

Le petit ECCE HOMO, n° 70. *Deux épreuves, pendant du n° 73.*

5 Pièces.

253. Le grand ECCE HOMO, belle composition de plus de cent figures, avec une riche architecture dans le fond, 1510, n° 71. Gravée par Lucas à l'âge de 16 ans. *L'épreuve est belle, mais collée en plein; il s'y trouve quelques taches.*

254. Jésus-Christ portant sa croix, est assisté par sainte Véronique, 1515, n° 72.

Jésus-Christ nu, assis sur sa croix, et à qui les

soldats présentent à boire, nº 73. *Pendant* du nº 70.

2 Pièces.

255. Le Calvaire, 1517, nº 74. *Cette composition de plus de quatre-vingt-dix figures, est une des plus belles et des plus rares.* Iere épr. avec l'année à rebours.

256. L'homme de douleur, demi figure. 1517, nº 76. *Deux épreuves.*

Jésus-Christ en jardinier apparaît à la Madeleine. Composition en demi figure, 1519, nº 77.

Le retour de l'enfant prodigue, nº 78. *Très belle épreuve d'une pièce gravée avec beaucoup d'esprit.* 4 Pièces.

257. La Vierge debout tenant l'enfant Jésus; à gauche est sainte Anne, qui lui présente une pomme, 1516, nº 79. *Deux épreuves.*

La Vierge debout sur un croissant, entourée d'une grande auréole; elle a de longs cheveux tombant et une couronne sur la tête, nº 80.

La Vierge debout sur un croissant renversé; elle a un voile sur la tête et paraît être dans une niche dont on ne voit pas le haut, nº 81.

La Vierge debout sur un croissant, ayant une auréole autour de la tête, et le corps entouré d'une grande auréole; ses cheveux longs paraissent poussés par le vent, et flottent du côté gauche, 1523, nº 82. *Cette épreuve laisse à désirer pour la conservation.*

La Vierge assise au pied d'un arbre, et tenant l'Enfant Jésus sur ses genoux, 1514, nº 83. *Cette pièce laisse à désirer pour la conservation.*

La Vierge assise dans un paysage; elle présente une fleur à l'enfant Jésus couché sur ses genoux, 1523, nº 84.

Sainte Famille, où la Vierge est assise au pied d'un arbre, ayant auprès d'elle l'enfant Jésus debout, n 85.

8 Pièces.

258. Doubles des nºs 79, 81 et 84.

3 Pièces.

259. Jésus-Christ et les apôtres; suite de 14 petites figures debout, nºs 86 à 99. *Cette suite est belle d'épreuves ; mais le papier est un peu coloré.*

260. Les quatre évangélistes à mi-corps, 1518, nºs 100 à 103. 4 Pièces en largeur; *cette suite est un peu fatiguée.*

261. Saint Luc assis sur le dos de son bœuf, nº 104. *Belle épreuve.*

Saint Pierre et saint Paul à mi-corps, tenant le saint suaire, 1517, nº 105. 2 *Épreuves.*

Saint Pierre et saint Paul assis dans un paysage, et causant ensemble, 1527, nº 106.

4 Pièces.

262. Saint Paul aveuglé, après sa chute, est ramené à Damas, 1509, nº 107. *Cette pièce est*

une des plus considérables et des plus rares de l'œuvre; elle laisse quelque chose à désirer pour la conservation.

263. Saint Christophe assis près d'une rivière, et se levant pour aller chercher l'enfant Jésus qui est sur l'autre bord, n° 108.

Saint Christophe portant l'enfant Jésus, n° 109.

Saint Jean-Baptiste assis à terre, et montrant son agneau près de lui, 1513, n° 110. 2 *Épr.*

Décollation de saint Jean-Baptiste, n° 111.

Saint Jérôme assis au pied d'un rocher, 1513, n° 112.

Saint Jérôme à genoux, tenant un caillou dont il se frappe la poitrine, 1516, n° 113. *Le papier est fatigué.*

7 Pièces.

264. Saint Jérôme assis près d'un bahut, sur lequel est une tête de mort, 1521, n° 114. *Belle épreuve.*

Saint Sébastien lié à un arbre, n° 115.

Saint Antoine debout, tenant un livre ouvert, 116.

Saint Antoine tenté par le démon, sous la figure d'une femme, 1509, n° 117. Cette pièce est gravée par Lucas à l'âge de 15 ans.

Saint Dominique tenant un crucifix de la main droite; à côté de lui, est un chien tenant dans sa gueule une torche allumée et prête à embraser le globe terrestre. Allégorie aux fureurs causées par les guerres religieuses, n° 118.

Saint Augustin tenant sa crosse de la main droite, et dans l'autre un cœur embrasé, n° 119.

J'ignore sur quoi s'est fondé Bartsch, pour lui donner le nom de *saint Gérard Sagredius.*

Saint François d'Assise recevant les stigmates, n° 120.

Saint George venant de délivrer la reine de Lydie, n° 121. *Très belle épreuve.*

8 Pièces.

265. Marie Madeleine se livrant aux plaisirs du monde, pièce dite LA DANSE DE LA MADELEINE, 1519, n° 122. *L'une des pièces les plus grandes et les plus rares de l'œuvre ; très belle épreuve, mais avec une légère déchirure dans le milieu du bas.*

266. La Madeleine dans le désert, assise au pied d'un roc, n° 123. *Très rare.*

267. Pandore debout sur les nuées, et venant d'ouvrir la boîte où se trouvaient renfermés tous les maux, 1518, n° 124.

Sainte Catherine à mi-corps, avec une couronne sur la tête, 1520, n° 125.

Pièce décrite par Bartsch, sous le nom de *Sainte Madeleine.*

268. Un moine assassiné par un soldat, qui, pour éloigner le soupçon, s'est servi pour ce meurtre de l'épée d'un vieillard endormi, 1508, n° 126. Pièce connue sous le nom de SERGIUS TUÉ PAR MAHOMET ; l'*une des plus belles gravures de Lucas.*

269. Les sept Vertus théologales et cardinales, n°s 127 à 133 ; *très belles épreuves.*
Suite de 7 Pièces.

270. Lucrèce debout, les cheveux épars, se perçant avec une longue épée, n° 134.

Pyrame et Thysbé, 1514, n° 135. *Le papier est fatigué, et taché en plusieurs endroits.*

271. Plusieurs personnes regardant un homme suspendu dans un panier, à la fenêtre d'une maison dans le lointain, à gauche, 1525, n° 136. Albert Eib, dans sa *Marguerite poétique*, attribue cette aventure à Virgile. *Très belle épreuve* de l'une des pièces les plus curieuses et les mieux dessinées de l'œuvre de Lucas.

272. Mars et Vénus assis, ayant l'Amour entre eux, 1530, n° 137. *L'une des pièces les plus belles de l'œuvre.*

Vénus assise sur des nuées, présente une flèche à l'Amour; un autre Amour porte une banderolle où est écrit : VÉNUS, LA TRÈS BELLE DÉESSE D'AMOUR, 1528, n° 138.

273. Un enseigne, tenant son drapeau de la main

droite, et la main gauche appuyée sur son épée, nº 140.

Quatre guerriers marchant dans une forêt, nº 141. *Une tache et une déchirure dans l'angle à gauche.*

Un jeune homme à la tête d'une troupe de gens armés, nº 142.

Trois mendiants, dont un debout, présente une écuelle à un autre qui est assis, nº 143.

Un homme et une femme se promenant, 1520, nº 144.

Un seigneur tenant un faucon, et accompagnant une dame, nº 145.

Un homme, la tête nue, et passant son bras autour de la dame qu'il accompagne; ils sont suivis de deux autres personnes, nº 146.

Un homme ayant une torche à la main, et accompagnant une femme; ils sont suivis d'un valet, nº 147.

8 Pièces.

274. Un homme assis, présentant un vase à une dame qui est vis-à-vis de lui. Le fond est un paysage, 1520, nº 148.

Repos dans un pélérinage, nº 149. *Très belle épreuve.*

Une femme, assise au pied d'un arbre, cherche à se défendre des caresses d'un fou, 1520, nº 150. Composition en demi figures; *épreuve faible.*

Une vieille femme vue à mi-corps, tenant de la main gauche une grappe de raisin, dont elle prend quelques grains de l'autre, nº 151.

Un jeune homme nu, assis auprès d'un arbre; il sonne d'une espèce de trompe, au son de laquelle dansent deux petits enfants, nº 152. *Belle épreuve.*

Une femme nue donnant un fruit à manger à une biche, dont on ne voit que la tête et l'un des pieds, 1509, nº 153. *Belle épreuve, le papier un peu fatigué.*

Une femme nue assise, et cherchant les puces à son chien, 1510, nº 154.

Un homme et une femme accordant leurs instruments, 1524, nº 155.

Un chirurgien faisant une opération à un homme, nº 156. *Pendant du* nº 155.

Un charlatan arrachant une dent à un paysan, nº 157. *L'épreuve est belle; mais elle a des carreaux au crayon.*

10 Pièces.

275. Une laitière debout, près d'une vache qu'elle va traire, 1510, nº 158. *Très rare.* Une copie dans le même sens.

276. Une famille de Bohémiens en voyage; pièce

connue sous le nom de l'*Espiègle*, ou plutôt *Uyl-Spigel*, 1520, nº 159.

Dès 1644, cette estampe était regardée comme de la plus grande rareté: il paraît qu'il n'en existe que cinq épreuves; trois se trouvent à Paris.

La copie publiée par Hondius, en 1644.

Autre copie désignée dans Bartsch, *par un seul caillou* entre la queue et la jambe de derrière de l'âne.

277. Tête d'un guerrier casqué, dans un médaillon, 1527, nº 160.

Ornements avec deux dauphins, et une tête de massacre au milieu, 1527, nº 161. *Légèrement rognée sur un bord.*

Ornement avec deux sphinx, sur un fond noir, 1528, nº 162.

Deux rinceaux d'ornements en largeur, sur la même planche, avec une ligne transversale qui les sépare, nº 163.

Panneau d'ornements avec deux sirènes, 1528, nº 164. *Légèrement rognée sur un bord.*

Deux enfants portant l'un un casque, et l'autre un drapeau, 1527, nº 165.

Deux enfants tenant un écusson vide: l'un d'eux porte un guidon, et l'autre tient un oiseau avec un fil, nº 166.

Deux génies ailés tenant un écusson, 1527, nº 167. *Dans l'un des angles de la planche est un cercle légèrement tracé à l'encre.*

Les armes de la ville de Leyde, nº 168. *Les quatre ronds, avec un amour dans chaque, sont collés sur la feuille où se trouve le rond qui contient les deux clés en sautoir.*

Deux rinceaux d'ornements, avec un Triton dans l'un, et une Sirène dans l'autre, nº 169.

Deux ronds renfermant chacun un Amour, nº 170.

Un rinceau d'ornement formant deux ronds, dans chacun desquels est un Amour, 1517, nº 171.

12 Pièces.

278. L'empereur Maximilien Ier, 1520, nº 172, *portrait gravé à l'eau-forte et au burin, l'une des pièces les plus recherchées de l'œuvre.*

279. Lucas de Leyde, à l'âge de 31 ans, 1525, nº 173.

Un jeune homme à mi-corps, nº 174. *Cette épreuve est fatiguée, et une bande de trois lignes a été coupée et recollée à droite.*

280. Jésus-Christ apparaissant à la Madeleine; le Sauveur est debout à gauche, s'appuyant de la main gauche sur une bèche, et tenant l'autre main élevée. La Madeleine est à genoux vis-à-vis de lui; dans le fond est une clôture en osier

avec une porte du côté droit. Le lointain offre un paysage montueux, avec trois grands arbres à droite.

H. 5 p. 2 l. — L. 3 p. 7 l.

Cette pièce, non décrite par Bartsch, est gravée à l'eau-forte; le dessin et les caractères sont bien dans la manière de Lucas, mais la gravure est timide et doit faire croire qu'elle est un de ses premiers essais. Elle laisse à désirer pour la conservation.

281. Pièces gravées en bois sur les dessins de Lucas de Leyde; savoir différents sujets de l'ancien Testament, n°s 1 à 13 *, et n° 16, les n°s 10 et 16 doubles.

Quatre autres pièces gravées en bois.

En tout 20 Pièces.

PIÈCES GRAVÉES PAR DIVERS, D'APRÈS LUCAS.

282. La Passion en 12 pièces, gravée par Henri Goltzius.

Judith.—Sizara.—David portant la tête de Goliath. 3 Pièces par Saenredam.

Jésus-Christ tenté par le démon; en bas, à gauche, est la marque de Crispin de Pass.

Les quatre Évangélistes, assis avec leurs attributs et leurs noms dans la marge du bas, par Crispin de Pass.

* Ces numéros sont aussi ceux du *Peintre-graveur*, dans la seconde division de l'œuvre de Lucas de Leyde, t. VII, p. 438.

Saint Jean-Baptiste assis près d'un rocher ; en bas, à gauche est la lettre L, et auprès, en caractère très fins, les lettres M. F.

Jésus-Christ baptisé dans le Jourdain.—Allégorie sur la vie humaine, avec la lettre L et l'année 1523.

Mardoché conduit en triomphe ; sur le devant est un page ; à gauche, au tronc d'un arbre, est suspendue une tablette avec la lettre *L*. Gr. p. en haut.

Un jeune homme assis du côté gauche, auprès d'une table servie ; il tient sur ses genoux une jeune femme qui lui fait des caresses. Près d'eux, est un fou qui tient un pot dans lequel il voudrait boire par le fond, il donne une pomme à un jeune homme qui se tient à la porte de la chambre. Un autre fou est vu à gauche ; par la fenêtre, près de lui, est une banderolle sur laquelle on lit : *Wacht hoet varen sul ;* sur le bout du siége, à gauche, est la lettre L. Cette pièce est à l'eau-forte. Gr. p. en haut.

Sainte Famille, m. p. en largeur.

Trois têtes d'hommes coiffées de diverses manières. Dans le coin du haut, à gauche, la lettre L gravée à l'eau-forte.

La collation ; un jeune homme jouant du luth, est assis près d'une jeune femme devant une table servie; derrière eux, la mort s'apprête à les surprendre.

Médaillon rond; au milieu du bas est la lettre L.

Portrait de Lucas de Leyde, in-4°. Tiré d'une suite de portraits de peintres anciens.

30 Pièces.

GRAVURES EN BOIS PAR DIVERS.

GRUN (JEAN BAUDOUIN), faussement nommé HANS BALDUNG, *né à Gemunde vers* 1476.

283. Adam et Ève, n° 1.

Groupe de sept chevaux, 1534, n° 56.

Samson et Dalila, pièce marquée H. B.

JEGHER (CHRISTOPHE). *Allemagne*, 1590.

Le Jardin d'amour, et une autre pièce d'après Rubens.

Cinq autres pièces gravées en bois.

BUSINCK (LOUIS) *né vers* 1590.

Moïse; — Énée portant son père; — Un joueur de flûte, etc., 6 pièces.

En tout 16 Pièces.

ALTDORFFER (ALBERT), *né à Altdorff vers* 1500.

284. Un porte-enseigne, n° 52; et quatre autres pièces sans marques, dont le portrait de Charles V vu de profil, tourné vers la gauche.

Le Jugement de Pâris gravé en bois, avec le chiffre et l'année 1511, nº 60 de la deuxième division.

6 Pièces.

I. B. *Allemagne*, 1500.

285. Mercure endormi, et que Vénus cherche à réveiller, en le touchant avec la plume d'une flèche qu'elle tient de la main gauche. *Rare*.

Haut. 6 p. 9 l. — Larg. 4 p. 10 l.

286. LES HOPFER. *Allemagne*, 1588.

DANIEL HOPFER.

Sainte Famille, où la Vierge, assise à gauche, est occupée à lire, nº 39, Ire épr. *avant le chiffre*.

Saint Paul assis, et prêchant, nº 42 Ire épr. *avant le chiffre*.

Une jeune femme cherchant à se défendre des embrassements d'un homme, nº 70.

Fête de village, nº 74. Cette pièce doit être en deux feuilles; il ne se trouve ici que le morceau du banquet.

Portrait de l'empereur Maximilien, à mi-corps, nº 79.

JÉROME HOPFER.

Fuite en Égypte, nº 4, d'après Jacques de Barbary, dit le Maître au caducée; Ire épreuve *avant le chiffre*.

Saint Christophe, nº 13, Ire épreuve *avant le chiffre*.

Une petite Sainte Famille sans marque, dans un médaillon entouré d'un petit arabesque.

Diamètre ; 2 p. 4 l.

8 Pièces.

BEHAM (BARTHÉLEMY), *né à Nuremberg vers* 1500.

287. Portraits des empereurs Charles V et Ferdinand Ier, n°s 60 et 61. *Cette dernière pièce est restaurée.*

BEHAM (HANS-SEBALD), *né à Nuremberg en* 1500.

Cet œuvre est composé de 99 pièces, dont quelques-unes ne sont pas décrites dans *le Peintre-Graveur.*

288. Adam et Ève près de l'arbre de la science du bien et du mal, 1543, n° 6. Ire épr., avant la taille perpendiculaire dans le fond, entre les jambes d'Adam et celle de la mort.

Adam et Ève chassés du Paradis terrestre, 1543, n° 7.

Copie de la Judith, n° 11.

Joseph fuyant la femme de Putiphar, 1544, n° 14. *Belle épreuve, mais très endommagée.*

Job avec ses amis, 1547, n° 16.

La Vierge au perroquet, 1549, n° 19.

Les noces de Cana, n° 23. *Très belle épr.*

Jésus-Christ et la Samaritaine, n° 24. *Belle épreuve,* et l'une des plus jolies de ce maître.

Jésus-Christ chez Simon, n° 25. *Belle épr.*

Le Sauveur debout dans une gloire, 1546.

Histoire de l'Enfant prodigue, n° 31 à 35.

Les douze Apôtres, nos 43 à 54.

Saint Luc, n° 57,

Saint Jérôme, 1521, n° 63.

Saint Sebald, 1521, n° 65, Ire épreuve ayant en hauteur, 5 p. 7 l., et en larg. 4 p. 2 l. *Rare.*

Saint Sebald, ermite de Nuremberg, était fils d'un roi de Danemarck, probablement Suénon II, dont le mariage ne fut point reconnu par le pape, à cause de la parenté qui existait entre lui et sa femme. Il mourut en 1074, sans postérité *légitime*, mais laissant treize bâtards mâles.

Cimon nourri par sa fille; il est assis à gauche, 1544, n° 74. *Très belle épreuve.*

Le même sujet, Cimon est assis à droite, 1544, n° 75.

Cléopâtre, n° 77.

Triomphe de Trajan, n° 82.

Jugement de Pâris, 1546, n° 89.

Combat de trois hommes, dont deux à cheval, n° 65, IIme épreuve.

Les travaux d'Hercule, nos 96 à 107.

Mercure, de la suite des planètes, n° 119. *Très belle épreuve.*

Les sept Vertus et la Connaissance de Dieu, nos 129 à 136.

Le banquet de paysans, n° 164.

Scènes diverses d'une noce de village, suite de douze pièces. *Seulement les* nos 175, 176 et 177.

Sujets militaires, nos 196, 197 et 199. *Très belles épreuves.*

Les deux couples d'amants et le bouffon, no 212, et une *copie. Cette pièce est une des plus belles du maître.*

Les deux bouffons, no 213, IIme épreuve.

La Patience, 1540, no 138, et une *copie* par J.-B. Cavalleriis.

La Bonne-Fortune, 1541, no 140.

La Mélancolie, no 144, Ire épreuve, avant l'année 1539.

Les danses d'une noce de village, nos 154 à 163. Le no 162 est une *très belle copie*, et le no 163, Ire épreuve *avant la retouche.*

Les femmes au bain avec un bouffon, 1541, no 214.

La femme nue couchée, no 215, IIme épr.

Un Amour, entortillé d'une banderolle, sur laquelle sont les lettres de l'alphabet, 1545, no 229. — Le pendant 1542, no 230.

Le mascaron, 1543, no 231.

Deux chimères avec deux génies, 1544, no 236. *L'épreuve a trois lignes de marge.*

PIÈCES NON DÉCRITES.

Saint Jean-Baptiste assis du côté gauche, a la tête appuyée sur son coude; entre ses jambes est son agneau; dans le haut, à gauche, la marque et l'année 1525.

Larg. 2 p. 11 l. — Haut. 1 p. 11. l.

Une femme assise à terre, les jambes nues, auprès d'un rocher qui occupe le côté droit: elle tient sur ses genoux un enfant à qui elle donne à téter, tandis qu'un chien, qui est entre ses jambes, aboie après un autre enfant qui fuit du côté gauche.

Larg. 2 p. 5 l. — Haut, 1 p. 8 l.

Hercule debout, tenant un serpent de la main gauche et une pomme de l'autre. Dans le fond est couché le taureau de Marathon; en haut, à gauche, une tablette avec la marque et l'année 1524.

Haut. 2 p. 11 l. — Larg. 1 p. 11 l.

Deux couples de paysans armés de sabres, et qu'une femme cherche à séparer en se mettant entre eux; un autre homme a été renversé, à ce qu'il paraît, par un sixième personnage qui est debout, à gauche, vu par le dos; de ce même côté, en bas, la marque; dans le haut est une banderolle avec l'inscription qui se trouve déjà sur le sujet, nº 162.

Larg. 2 p. 8 l. — Haut. 1 p. 9 l.

Un religieux debout, la tête chauve, sans barbe, et tenant un livre ouvert; la marque est à droite, derrière sa tête.

Un religieux debout, sans barbe, tourné à droite, et lisant dans un livre qu'il tient à deux mains; la marque est à gauche, derrière sa tête.

Un religieux debout, avec barbe; il est tourné à gauche, et a les bras croisés sous son manteau; devant lui est un grand roseau; entre le haut de cette plante et sa tête, la marque de Beham. Ces trois pièces gravées à l'eau-forte.

Haut. 3 p. 6 l. — Larg. 2 p. 5 l.

PIÈCES GRAVÉES SUR BOIS.

Sept pièces de la Passion, gravées en bois sur les dessins de Beham.

Un jeune homme caressant une jeune fille près de laquelle il est assis.

289. Doubles des nos 24, 25, 33, 98, 229, 230. Le saint Jean-Baptiste assis, gravé sur cuivre en 1523, et une pièce de la Passion gravée en bois.

8 Pièces.

PENCZ (GEORGES), *né à Nuremberg en* 1500, *mort en* 1556.

Elève de Marc-Antoine, il acquit dans cette école une perfection de dessin qu'on rencontre rarement dans les autres petits maîtres allemands.

Son œuvre, composé de 122 pièces contenues dans un volume de maroquin rouge, est presque complet, puisqu'il n'y manque que 4 pièces, numéros 85, 93, 125 et 126. Les épreuves sont toutes de la plus grande beauté et d'une parfaite conservation. Il vient du cabinet Zanetti.

290. Histoire d'Abraham, nos 1 à 5.

Abraham et Agar sur un lit, no 6. *Très rare.*

Histoire de Joseph, nos 7 à 12.

Histoire de Tobie, nos 13 à 19.

Divers sujets de l'Ancien-Testament, nos 20 à 29.

Vie de Jésus-Christ, nos 30 à 54. Le no 37 est double.

La Femme adultère, no 55.

Les œuvres de miséricorde, nos 58 à 64.

Parabole du mauvais riche, nos 65 à 67.

Quatre sujets de la fable, nos 70 à 73.

Quatre sujets de l'histoire romaine, en hauteur, nos 74 à 77.

Quatre sujets de l'histoire romaine, en largeur, nos 78 à 81. Le no 80 est double.

Sophonisbe, — Arthémise, — Virginius, nos 82 à 84.

Le no 85 *manque.*

Prise de Carthage, d'après Jules Romains, grande pièce en largeur, épr. avant l'adresse de Salamanca.

Virgile suspendu à une fenêtre, et la courtisane exposée aux yeux du peuple de Rome, nos 87 et 88.

Jugement de Pâris, no 89.

Thétis confiant Achille au centaure Chiron, no 90.

Diane au bain, no 91.

Triomphe de Bacchus, n° 92.

Le n° 93 *manque*.

Les sept péchés Capitaux, n°s 98 à 104.

Les cinq Sens, n°s 105 à 109.

Les sept arts Libéraux, n°s 110 à 116.

Les triomphes de Pétrarque, n°s 117 à 122.

Deux arabesques, n°s 123 et 124.

Les n°s 125 et 126 *manquent*.

GOLTZIUS (HUBERT), *né à Loo vers* 1520.

291. Les images de presque tous les empereurs, depuis Jules-César jusqu'à Ferdinand Ier, etc., gravées en camayeu par Hubert Goltzius, à Anvers, 1561; petit in-fol., veau brun, 155 planches.

GOLTZIUS (HENRI), *né à Mulbrecht en* 1558.

292. Portraits de Jean de Devoorden, amiral de Hollande, n° 167. — Françoise d'Egmont, en ovale, n° 168. — Pierre Forestus, médecin, 1586, n° 169. — Henri IV, n° 176, *rogné à l'ovale*. — Jean Zurenus, n° 189. — Buste inconnu, avec la devise: BENE AGERE, ET NIL TIMERE, 1583, n° 207. — Un officier à mi-corps dans un ovale, n° 212.

Un prophète, d'après Raphaël, n° 269.

Un Neptune gravé en bois à trois planches, n° 232.

Fils de Théodoric Frisius, *petite copie*.

Judith gravée en bois par Van Sichem.
12 Pièces.

CORT (Corneille), *né à Horn en* 1536.

293. Tombeau des ducs de Médicis, d'après Michel-Ange Buonarotti, gravé en 1570.
3 Pièces.

AMMAN (Jost), *né à Zurich en* 1539.

294. Portrait de Gaspard deColigny, duc de Chatillon, dans un ovale orné de figures; au bas, une scène de la Saint-Barthélemi, 1573, n° 17.

SADELERS (Les).

Raphael, *né à Bruxelles en* 1555.
Gilles, *né à Anvers en* 1570.

295. Les douze Césars et leurs femmes, d'après le Titien, par Gilles Sadelers; deux suites de 12 pièces chacune. La suite des Césars est *avant la lettre;* mais le portrait de Jules-César a la marge coupée. 1 vol. grand in-fol., en mar. rouge.
27 Pièces.

296. Recueil de portraits gravés par les Sadelers, Goltzius, Müller, Kilian et autres. Un volume in-folio, en maroquin rouge, contenant 37 pièces.

KILIAN (Lucas), *né à Augsbourg en* 1579.

297. Portraits de Martin Angers de Biberach, 1624. — Jean-George Wibels, 1626. — Melchior-Sil-

vestre Eckhard, et un autre ministre luthérien. 4 Pièces.

DELFF, le père (GUILLAUME-JACQUES), *né à Delff en* 1580.

298. Portraits de Jean Wittenbogaerd; Ant.-Antonide Vander Linden, et Henri-Antonide Vander Linden; Jean Hullius; Gaspard Barleus, médecin, etc.; la plupart d'après Mierevelt. *Tous très beaux d'épreuves*. 30 Pièces.

GOUDT (HENRI DE), comte palatin, *né à Utrecht, en* 1585.

299. Sept pièces gravées d'après Elsheimer. La décolation de saint Jean-Baptiste, la plus rare de cette suite, a une très grande marge; sur deux autres pièces est écrit le nom de P. Mariette, avec la date de 1666.

BOLSWERT (SCHELTE DE) *né à Bolswert en* 1586.

300. Le grand *Ecce homo* d'après Van-Dyck, *épreuve défectueuse*. Quatre petites Vierges avec l'enfant Jésus; une gravure par Paul Pontius. En tout 6 Pièces.

VORSTERMAN (LUCAS), *né à Anvers vers* 1590.

301. Thomas Howard, duc de Norfolk, d'après Holbein. — Thomas Howard, comte d'Arondel, d'après Van-Dyck. — Saint François en extase devant un crucifix. Cette dernière pièce est défectueuse. 3 Pieces.

VELDE (JEAN VANDE), *né à Leyde vers* 1598.

302. Les quatre heures du jour.—Le Samaritain. —Promenade nocturne, dite l'*Étoile des rois*, d'après P. Molyn.—Cérès changeant Stélio en lézard, etc. *Très belles épr. collées et glomisées.* 10 Pièces.

DYCK (ANTOINE VAN), *né à Anvers en* 1599.

303. L'*Ecce Homo* gravé à l'eau-forte, avec les mots *aqua forti* à la suite du mot *fecit.*

BAUR (JEAN-GUILLAUME), *né à Strasbourg en* 1600.

304. Suite de sept batailles portant pour titre: CAPRICCI DI VARIE BATAGLIE DI GIA-GUGLIELMO BAUR, 1635.

GALLE, le fils (CORNEILLE), *né à Anvers vers* 1600.

305. Le prince Ferdinand, archiduc d'Autriche, d'après Jean Meyssens.—Jean-Jacques Chifflet, d'après N. Vander Horst, 1647.—Jean Deckher de Falkenbourg, 1631. — Emmanuel Chrysoloras, grammairien grec. 4 Pièces.

SUIDERHOEF (JONAS), *né à Leyde vers* 1600.

306. Portraits de Henri Goltzius. —George-Christophe Liber, baron de Haslang. — Anne-Marie de Schurman, d'après J. Lievens. 3 Pièces.

STOOP (Thiéry), *né à Anvers vers* 1600.

Huber, dans son *Manuel des Amateurs*, fait deux articles séparés pour cet artiste, et son erreur a souvent été répétée à cause de la différence que Stoop adopta dans la manière d'écrire son prénom, selon l'idiome et l'usage du pays dans lequel il se trouvait.

Stoop, né en Hollande, y porta le nom de *Dirch*, qui est un diminutif de son nom dans ce pays. Passant en Portugal, il y porta le nom de *Rodrigo;* et, malgré la différence apparente qui semble exister entre ces deux noms, il est facile de démontrer qu'ils n'ont qu'une seule et même origine.

Théodore, nom tiré du grec, est facilement devenu *Théodoric* dans la langue des Goths; en passant du nord au midi de l'Europe ce nom changeant de finale est devenu en Italie *Théodorico*, et en Espagne *Theodorigo*. La longueur des noms propres étant un grave inconvénient dans la conversation, on a sans cesse cherché, pour que leur prononciation devînt plus facile, à les rendre plus courts en faisant ce qu'on a appellé des diminutifs : ainsi *Theodorigo*, par une élision et un changement, est devenu *Rodrigo*. Pendant que les langues du midi faisaient opérer ces variations au nom de *Théodore*, et en gardaient seulement la terminaison, les peuples septentrionaux faisaient d'autres changements au même nom, en conservant les initiales, et trouvaient le nom de *Thieri* dans celui de *Théodoric;* puis les Flamands et les Allemands, pour qui la lettre D a la même consonnance que la lettre T, y trouvèrent le nom de *Dirc* ou *Dirch*.

Ces observations, si simples en elles-mêmes, pourront peut-être trouver des contradicteurs, mais avant de prononcer, qu'ils veulent bien faire attention à la variété des noms propres, et, sans vouloir s'appuyer du nom de *Goton* qui vient certainement de *Marguerite*, n'a-t-on pas l'exemple du nom *Johannes* qui est devenu *Hans* en Allemagne, *John* en anglais, *Jean* en français, et *Ivan* en russe.

Il n'a pas suffit à Stoop d'être ainsi multiplié par son prénom, son nom de famille a été aussi changé, puisque quelquefois on l'a confondu avec *Daniel Stoopendal.*

307. Études de chevaux. *Épreuves rognées, avec les nos et les adresses effacées.* Suite de douze pièces nos 1 à 12; *manquent* les nos 3 et 12.

FYT (JEAN), *né à Anvers vers* 1605.

308. Suite des chiens, dédiée, en 1642, à don Carlos Guasco, nos 9 à 16. *Premières épreuves avec toute leur marge.*

Les deux renards, no 8, *épreuve tachée.*

9 Pièces.

REMBRANDT (VAN RHYN), *né près de Leyde en* 1606.

Cet œuvre est contenu dans trois volumes in-folio reliés en maroquin rouge, dorés sur tranche : les deux premiers nom de Jésus, et le troisième grand-aigle.

Il faisait parti du cabinet d'Antoine-Marie Zannetti, et fut acquis en 1791 avec tout le cabinet qu'avait formé ce célèbre amateur. En tête du premier volume est une note écrite en hollandais, de la main même de Jean-Pierre Zoomer, d'Amsterdam, contemporain de Rembrandt et formateur de cet œuvre. Il l'annonce « complet et renfermant tous les changements et retouches, excellentes épreuves, et telles, que ni lui, ni personne n'en a pu recueillir de semblables avec autant d'argent et toutes les peines qu'il s'est données pendant 50 ans. »

J'ai suivi, dans la description de cet œuvre, l'ordre et les numéros du Catalogue publié par Bartsch, parce qu'il est le meilleur et le plus complet qui ait paru jusqu'à présent; mais comme, en Angleterre, on se sert plus fréquemment du Catalogue publié par Daulbay, avec les numéros de Gersaint, j'ai cru devoir les y ajouter, pour faciliter les recherches des personnes qui n'ont pas le catalogue de Bartsch. Ces numéros se trouvent entre parenthèses à la suite de ceux de Bartsch. Quant aux différences, je les indiquées en chiffres romains cependant, comme d'après les observations que j'ai faites depuis plus de vingt années, j'ai trouvé un assez grand nombre d'épreuves qui n'étaient pas connues de Bartsch, et dont plusieurs se rencontrent dans cette collection, j'ai placé une lettre italique en tête de ces articles, pour désigner les différences jusqu'à présent non décrites.

Cet œuvre se compose de 428 pièces, savoir :

394 de la main de Rembrandt;

3 pièces non décrites, et qui lui sont attribuées;

11 pièces de Jean Lievens, Ferdinand Bol et J.-G. Vliet;

11 Copies d'après Rembrandt;

9 pièces gravées dans le goût de Rembrandt.

Il sera mis sur table, dans son intégrité; mais s'il n'est pas fait d'offres suffisantes, il sera divisé par lots, ainsi qu'il suit :

PORTRAITS DE REMBRANDT.

309. Rembrandt avec des cheveux crépus, le corps tourné à droite, nº 1 *, (2). **

Rembrandt aux trois moustaches, nº 2, (3). *Superbe épreuve.*

Rembrandt au visage rond, nº 5, (6). IVe état, ou est effacée la petite taille en feston qui se trouvait sur l'épaule gauche.

3 Pièces.

* Ce premier numéro est celui du Catalogue de Bartsch.

** Le numéro entre parenthèse est celui des Catalogues de Gersaint et de Daulbay.

310. Rembrandt avec un manteau riche et un chapeau à grand bord, n° 7, (8). *a*.* Dans le grand bord du devant du chapeau, on voit un large clair. *Cette différence antérieure au premier état décrit par Bartsch ne se trouve dans aucun catalogue ; je la crois unique. L'épreuve est rognée.*

311. Ier État. Retouché à la pierre noire par Rembrandt lui-même, qui a écrit au bas *Rembrandt fecit*, 1631. Dans le haut, se trouve tracé au crayon et à l'encre par dessus ÆT, n° 24. *Cette épreuve est rognée sur la largeur.*

312. Une autre épreuve de ce Ier état, aussi avec retouche au crayon noir, *mais rognée à la grandeur de la tête.*

313. Deux autres épreuves de ce même état, sans aucune retouche, *et aussi rognées à la grandeur de la tête.*

314. IIme *a*. Le fond est blanc comme dans le IIme état, mais le manteau est brodé comme dans le IIIme. *Cette différence ne se trouve décrite dans aucun catalogue ; je la crois unique.*

315. IVeme *a*. La planche usée, le fond et les noms effacés ; ce qui l'a quelquefois fait prendre pour une épreuve du IIme état. *Quoique cette différence ne soit pas très rare, Bartsch n'en a pas parlé.*

Copie avec l'année 1634.

* La lettre italique, ainsi que cela a été dit, indique *un état* non décrit par Bartsch.

316. Rembrandt faisant la moue, n° 10, (14), IIme état. La planche réduite. *Épreuve rognée.*

Rembrandt la bouche ouverte, n° 13, (18), IIme état. La planche réduite.

317. Rembrandt avec un bonnet et une robe fourrée, n° 14, (19). *a.* Avant la retouche. *Superbe épreuve rognée sur la hauteur.*

Les secondes épreuves sont entièrement retouchées ; on voit surtout de gros traits de burin sur le bonnet et sur le manteau à gauche.

Rembrandt avec un manteau à grand collet, n° 15, (20). *a.* Avant la retouche, et avec l'année 1631. *Rare.*

318. Rembrandt avec un bonnet en fourrure, n° 16, (21).

Rembrandt avec une écharpe autour du cou, n° 17, (22). IIIme État. La planche réduite, et avec le nom et l'année. *Belle épreuve.*

Rembrandt à mi-corps, et tenant un sabre à la main, n° 18, (23). *Dans le haut, se trouve une petite bande coupée et recollée.*

Rembrandt avec sa femme, n° 19, (24). *Très belle épreuve.*

Rembrandt avec un bonnet orné d'une plume, n° 20, (25).

5 Pièces.

319. Rembrandt, le bras enveloppé dans son

manteau et appuyé sur un mur, nº 21, (26). *Cette épreuve a quelques changements faits au crayon.*

320. Rembrandt dessinant, nº 22, (27), Ier État. Les deux mains blanches. *Rare.*

Ier. *a.* La main gauche ombrée, sur papier de la Chine. *Rare. Cet état n'est décrit dans aucun catalogue.*

IIIme État. Avec le paysage, et la main gauche couverte de tailles croisées.

321. Rembrandt au sabre, nº 23, (28).

Ier État. La planche carrée : Rembrandt est vu jusqu'aux genoux, ayant un manteau court et la main gauche appuyée sur son sabre. Ce portrait est d'un bel effet. Il n'existe que quatre épreuves de cet état : l'une à la Bibliothèque du Roi, à Paris, venant du cabinet Peters; la deuxième dans le cabinet d'Amsterdam, venant du cabinet Van-Leyden; la troisième chez M. Josy, à Londres, venant du cabinet de Ploos Van-Amstel; la quatrième est celle-ci.

322. IIme État. La planche ovale; mais avec quatre oreilles qu'on voit difficilement, parce que l'épreuve est rognée.

IIIme État. Les oreilles supprimées. *Le papier est sale. 2 épreuves.*

323. Rembrandt avec un habit blanc et un bonnet fourré, nº 24, (sup. 1).

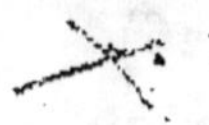

Rembrandt aux cheveux crépus, nº 25 (sup. 2). Ier État. La planche entière.

Rembrandt aux cheveux courts et frisés, nº 26 (293). Ier État. Avant le nom de Rembrandt.

Copie en sens inverse, attribuée à Jacques Hazard.

4 Pièces.

ANCIEN TESTAMENT.

324. Adam et Ève, nº 28, (29). Ier État. *Très belle épreuve* sur papier de la Chine.

325. Abraham recevant les trois anges, nº 29 (30).

Agar renvoyée par Abraham, nº 30 (31). Épreuve et contre-épreuve.

Abraham caressant Isaac, nº 33 (132).

Abraham annonçant à son fils le sacrifice qu'il doit faire, nº 34 (32).

Copie en sens inverse, et sans le nom de Rembrandt, mais assez bien faite pour tromper facilement.

Sacrifice d'Abraham, nº 35 (33). Épreuve et contre-épreuve.

8 Pièces.

326. Quatre sujets pour l'ouvrage intitulé : *Piedra gloriosa ò ôa la estatua de Nebucadnezar*, Amsterdam, 1655, in-12. nº 36 (34).

327. Joseph racontant ses songes devant sa famille, n° 37, (37). Ier État. Siméon ayant le visage clair. *Rare.* Cette pièce est une des plus jolies de l'œuvre de Rembrandt.

IIme État. Le visage ombré.

Contre-épreuve du IIme état. *Deux angles déchirés.*

Jacob pleurant la mort de Joseph, n° 38 (35). 2 Épreuves *dont une très brillante, mais sans marge.*

5 Pièces.

328. Joseph fuyant la femme de Putiphar, n° 39 (36). *Superbe épreuve* d'une pièce qui n'est pas commune.

329. Triomphe de Mardochée, n° 40 (39). Épreuve et contre-épreuve.

David priant Dieu, n° 41 (40). *Épreuve doublée.*

Tobie aveugle, allant au devant de son fil s, n° 42 (41). *Belle épreuve.* Le même sujet se trouve aussi sous le n° 153 du Cat. de Bartsch.

L'ange disparaissant aux yeux de la famille de Tobie, n° 43 (42).

5 Pièces.

NOUVEAU TESTAMENT.

330. L'annonciation aux bergers, n° 44 (43).

Ier État. Le haut du tronc de l'arbre est tout

blanc, et les deux vaches qui fuient non teintées : *de la plus grande rareté.*

L'épreuve de cet état, qui se voit dans l'œuvre de Rembrandt au *British Museum*, et qui est décrite dans le Catalogue de Daulbay, est encore *antérieure*; cependant j'ai laissé à celle-ci la désignation de Ire, parce qu'elle est indiquée ainsi dans le Catalogue de Bartsch.

331. IIme État. Le tronc de l'arbre couvert de hachures jusqu'en haut, ainsi que les deux vaches qui fuient. 2 *Epreuves.*

332. La Nativité, no 45 (44). *a.* Sur le bord, en haut, à droite, on voit une tache blanche où l'eau-forte n'a pas mordu. *Deux épreuves*, dont une sur papier de la Chine.

Adoration des bergers, no 46 (45). *a.* L'oreiller sur lequel la Sainte Vierge appuie sa tête est presque entièrement clair; à droite, au-dessus de la tête de saint Joseph, on voit un petit panier. *Très rare.*

b. Avec les planches auprès de la tête de saint Joseph; son bonnet paraît être d'une fourrure grossière.

c. Quelques changements dans le bonnet de saint Joseph. *Epreuve sur papier de la Chine, avec six lignes de marge.*

Circoncision, en largeur, no 47 (46). *a.* Plusieurs taches blanches où l'eau-forte n'a pas mordu, principalement dans le milieu du bord, en haut.

Circoncision, très petite pièce en hauteur, nº 48 (47).

7 Pièces.

333. Présentation au temple, nº 49, (49). Ier État. S. Siméon a la tête nue. *Rare.*

IIme État. S. Siméon a une calotte sur la tête; son manteau est très noir.

334. Présentation au temple, nº 50 (50). Deux épreuves *sur papier de la Chine.*

Présentation au temple, nº 51 (51). IIme État. La planche réduite.

Fuite en Égypte, nº 52 (52). IIme État. La planche retouchée

Fuite en Égypte, nº 53 (53). Ier État. La figure de saint Joseph n'est ombrée que d'une seule taille. *Épreuve sur papier de la Chine.*

IIme État. Tout le sujet est couvert de hachures croisées et très coloré.

Fuite en Égypte, nº 55 (55).

7 Pièces.

335. Fuite en Égypte, grand paysage en largeur, nº 56 (56). Ier Etat. Les terrasses sans clairs. *Rare.* Superbe épreuve sur papier de la Chine avec trois lignes de marge. —Une autre épreuve sur papier ordinaire.

336. Repos en Égypte, nº 57 (57). Ier État. Avant la tête de l'âne. *Très rare.*

IIme État. Avec la tête de l'âne.

337. Repos en Égypte, nº 58 (58).

Jésus-Christ retrouvé par ses parents lors de leur voyage à Jérusalem ; pièce faussement désignée dans le Catalogue de Bartsch sous le titre de *Retour d'Égypte* nº 60 (54). — Une contre-épreuve *sur papier de la Chine.*

La Vierge et l'enfant Jésus sur des nuages, nº 61, (60). Epreuve et contre-épreuve.

Sainte Famille, nº 62 (61). IIme État. L'arcade supprimée, et le fond couvert de tailles.

Sainte Famille, nº 63 (62). *a.* Avec des taches blanches sur le bord du haut, qui indiquent que l'eau-forte n'a pas bien mordu.

Jésus-Christ assis au milieu des docteurs, pièce marquée de l'année 1654, nº 64 (63).

Jésus-Christ debout au milieu des docteurs, pièce marquée de l'année 1652, nº 65 (64). Épreuve avec 2 lignes de marge.

Jésus-Christ au milieu des docteurs, nº 66 (65). IIme État. La planche réduite et avec deux figures de plus.

10 Pièces.

338. Jésus-Christ prêchant, pièce dite *la Petite Tombe*, nº 67 (66). IIme État. La planche non

ébarbée. *Rare. Deux épreuves, dont une sur papier de la Chine.*

339. Le Denier de César, n° 68 (67).

Les vendeurs chassés du temple, n° 69 (69). IIme État.

340. La Samaritaine : pièce en largeur, n° 70 (71). IIme État. Sans nom ni année. *Superbe épr. sur pap. de la Chine, avec 6 lignes de marge.*

341. IIIme État. Avec le nom et l'année.

342. La Samaritaine, pièce en hauteur, 71 (72).

Résurrection du Lazare, 72 (73). Petite pièce à l'eau-forte.

343. Résurrection du Lazare, grande pièce cintrée, n° 73 (74). Ier État. Cette épreuve a de légères retouches au crayon, qui feraient croire que Rembrandt avait eu l'intention de placer une figure debout sur le devant à droite, au lieu de la femme vue par le dos. *Très rare. Superbe épreuve.*

344. IVe État. L'homme effrayé à la tête couverte d'un bonnet. *Belle épreuve* avec trois déchirures de deux à trois pouces de longueur. Le papier n'est pas rogné dans les deux angles du haut.

Une autre épreuve et une copie gravée avec esprit par M. Denon lui-même.

345. Jésus-Christ guérissant les malades, estampe dite *la Pièce de cent florins*, nº 74 (75).

a. Planche non ébarbée, et avant les contre-tailles diagonales sur la crinière de l'âne. *Magnifique épreuve sur papier de la Chine, avec une marge de quinze lignes tout autour.*

346. Ier État décrit par Bartsch, avec les tailles croisées sur la crinière de l'âne. *Très belle épreuve sur papier de la Chine avec trois lignes de marge.*

IIme État. La voûte disparue, et le fond presqu'entièrement noir.

Une petite copie.

3 Pièces.

347. Jésus-Christ au Jardin des Olives, nº 75 (78). Deux épreuves, dont une *sur papier de la Chine.*

348. Jésus-Christ présenté au peuple, estampe dite l'*Ecce Homo en largeur*, nº 76 (79). Ier État. La planche entière. *Rare.* Epreuve sur papier de la Chine. Il y a une bande de 18 lignes collée dans le haut, mais on n'en trouve jamais autrement, parce que le papier de la Chine n'était pas assez large.

IIme État. La planche réduite.

349. Jésus-Christ présenté au peuple, pièce dite *le grand Ecce Homo*, nº 77 (83). Pendant du nº 81. IIme État, avant les tailles diagonales

sur la figure du Juif qui présente le roseau à Jésus-Christ. *Rare.* Très belle épreuve avec trois lignes de marge.

350. IIIme État. Avec les tailles sur la figure du Juif.

351. Le Calvaire, n° 78 (80), grande pièce en largeur. Ier État. Sans nom ni année. *Rare.*

IIme État. Avec le nom et l'année.

IIIme État. La composition changée et bien barbouillée. *L'épreuve est doublée.*

352. Jésus-Christ en croix entre les deux larrons, pièce ovale, n° 79 (81). *Sans marge.*

Jésus-Christ en croix, n° 80 (82).

353. Descente de croix, n° 81 (84). Pendant du n° 77. IIme État. Avant l'adresse de Henri Vlenbug. *Belle épreuve.*

354. Descente de croix, n° 82 (85). *Deux angles déchirés.*

Descente de croix, n° 83 (86).

Jésus-Christ porté au tombeau, n° 84 (88). Epreuve *sur papier de la Chine.*

Vierge de douleur, n° 85, (89). IIme État. Avec des tailles de pointe sèche sous les deux bras et le menton de la Vierge. *Rare.*

Jésus-Christ porté au tombeau, n° 86 (87). Ier État. A l'eau-forte seulement. *Rare.*

Cette épreuve n'est pas teintée à l'impression.
IIme État. Trois épreuves plus ou moins couvertes de clair-obscur à l'impression.

Les disciples d'Emmaüs, nº 87 (90). IIme État. Avec les retouches à la pointe sèche, non ébarbées.

Les disciples d'Emmaüs, nº 88, (91). Petite pièce en hauteur qui n'est pas commune.

10 Pièces.

355. Le bon Samaritain, nº 90 (77). Ier État. Le perron blanc et la queue du cheval aussi. *Très rare*. La marge à droite est coupée, et l'épreuve un peu tachée.

356. IIme État. Le perron couvert de tailles, la queue du cheval est noire. *Rare*.

IIIme État. Avec le nom de Rembrandt.

357. Retour de l'Enfant prodigue, nº 91 (70). *Belle épreuve*.

SAINTS.

358. Décollation de saint Jean-Baptiste, nº 92 (92).

Décollation de saint Jean-Baptiste, nº 93 (93). IIme État. Avec les deux marches. *Rare*.

Les apôtres saint Pierre et saint Jean guérissant un boîteux à la porte du temple, nº 94

(94). IIme État. Deux épreuves, dont une *sur papier de la Chine.*

Saint Pierre à genoux, nº 96 (58).

Lapidation de saint Étienne, nº 97 (98).

Saint Philippe, diacre, baptisant l'eunuque de la reine Candace, nº 98 (95).

6 Pièces.

359. La mort de la Vierge, nº 99 (97). IIme État. Avec le fauteuil ombré.

Copie en sens inverse gravée par M. Denon lui-même, et marquée D. N. 1783, dans le coin, à droite, en bas.

360. Saint Jérôme assis au pied d'un arbre, avec l'année 1634 et non pas 1654, nº 100 (100). *Deux épreuves,* dont une manque de conservation.

Saint Jérôme à genoux, vu de profil, nº 101 (101).

Saint Jérôme à genoux, les mains jointes, vu de face. nº 102 (103).

Saint Jérôme assis devant un gros tronc d'arbre, nº 103 (102). Ier État. Avant le nom de Rembrandt. *Très rare. Épreuve sur papier de la Chine.*

IIme État. Avec le nom.

Saint Jérôme, composition dans la manière d'Albert Durer, nº 104 (104). *Epreuve sur papier de la Chine.*

Saint Jérôme, nº 105 (106). IIme État.

Avec le rideau retiré par en bas. Deux épreuves.

Saint François, nº 107 (10). IIme État. Avec le nom de Rembrandt en gros caractères. *Épreuve sur papier de la Chine.*

10 Pièces.

SUJETS DIVERS.

361. La jeunesse surprise par la mort, morceau gravé à l'eau-forte, et toujours faible, nº 109 (109). *Rare.* Épreuve retouchée au pinceau.

362. Allégorie sur le changement de gouvernement de la Hollande en 1577, dans laquelle on voit une cicogne remplacer la statue renversée du duc d'Albe, gouverneur des Pays-Bas pour l'Espagne, nº 110 (111). *Rare.*

363. La fortune contraire, nº 111 (123).

364. Mariage de Jason et de Creüse, nº 112 (124). Ier État. Junon est sans couronne. *Rare. Épreuve sur papier de la Chine.*

IIIme État. Avec quatre vers hollandais dans la marge du bas.

365. L'Étoile des rois, nº 113 (112). *Trois épr.*

Grande chasse au lion, en largeur, nº 114 (113).

Chasse au lion, nº 115 (113).

Chasse au lion, nº 116 (113). *Belle épr.*

Combat de cavalerie, nº 117 (113).

Dans les premières épreuves, le fond est couvert de tailles diagonales très écartées.

b. Le fond a été passé à la pierre ponce, et on en voit les traces. *Rare*.

Dans les troisièmes épreuves qu'on trouve ordinairement, le fond est bien nétoyé.

7 Pièces.

366. Trois figures orientales, nº 118 (114).

Ier État. L'arbre à gauche a peu de feuilles. Épreuve et contre-épreuve *de la plus grande rareté*. Il manque un petit morceau sur le bord à gauche.

Les musiciens ambulants, nº 119 (115).

La Bohémienne avec une jeune Espagnole, nº 120 (116). *Rare*.

Le vendeur de mort aux rats. nº 121 (117). IIme État. Avec des tailles diagonales sur les arbres.

Le petit orfévre, nº 123 (119). Deux épr. *sur papier de la Chine*, avec trois lignes de marge tout autour.

6 Pièces.

367. La faiseuse de kouk's ou de gâteaux, nº 124 (120) *a*. Ce premier état est seulement à l'eau-forte, sans aucune retouche au burin; le chapeau de la femme est tout blanc, ainsi que ses deux bras et sa jupe. *Très rare*.

b. Le chapeau et tout le vêtement de la femme retravaillé.

Le jeu du kolf ou du mail, n° 125 (121).

a. dans ce premier état, l'eau-forte a laissé trois petites taches blanches dans le haut de la planche.

La synagogue, n° 126, (122).

Le maître d'école, n° 128 (126). *Épreuve sur papier de la Chine.*

Le charlatan, n° 129 (127).

Le petit dessinateur à mi-corps, n° 130 (128).

Le paysan avec sa femme et son enfant, n° 131 (129). La pièce est *rognée.*

L'Amour couché, n° 132 (130).

9 Pièces.

368. Juif à grand bonnet, n° 133 (131). L'*épr. laisse à désirer pour la conservation.*

La femme aux oignons, n° 134 (133). IIme État. Avec l'année et la marque de Rembrandt. *Rare.*

Une copie gravée par M. Smith.

Le joueur de cartes, n° 136 (135).

Dans les premières épreuves, il y a quelques taches blanches laissées par l'eau-forte dans le bord du haut à droite.

b. Les taches blanches recouvertes.

Aveugle jouant du violon, et conduit par un chien, n° 138 (137). Ier État. A l'eau-forte pure.

IIme État. Retouché au burin.

Petite figure polonaise, avec un manteau court, nº 140 (139).

Copie de la petite figure polonaise, gravée par M. de Claussin, d'après l'original dans le cabinet de G. Hibbet. nº 142 (149).

Un paysan et une paysanne marchant ensemble, nº 144 (142).

9 Pièces.

369. Astrologue endormi, nº 145 (sup. 7). *Pièce de la plus grande rareté.*

370. Un philosophe en méditation, nº 147 (58). *L'épreuve laisse à désirer pour la conservation.*

Un homme en méditation dans son cabinet, nº 148, (110). IIme État. L'auréole autour de la lumière est la seule chose qu'on distingue bien. *Rare. Belle épr.*

IIIme État. Le bonnet de l'homme est très marqué, et le livre est couvert de tailles diagonales très fines. *Rare.* L'épr. a de la marge tout autour.

3 Pièces.

371. Le Persan, nº 152 (145). *Épreuve rognée.*

Tobie aveugle, allant au devant de son fils, nº 153 (146), pièce classée mal à propos parmi les mendians. IIIme État. L'ouverture de la porte est remplie de tailles croisées.

Un cochon lié par les pieds, nº 157 (152).

Un petit chien endormi, nº 158 (153).

Dans les premières épreuves, la planche porte, largeur, 3 p. 10 l., hauteur, 2 p. 3 l.

b. La planche réduite à la mesure donnée par Bartsch.

4 Pièces.

37 . La coquille, dite le *Damier*, nº 159 (154). Ier État. Avec le fond blanc. *Très belle et très rare.*

373. IIme État. Avec le fond couvert de hachures.

374. Un gueux debout, vu de face, les deux mains appuyées sur son bàton, nº 162 (155).

Un gueux debout, vu de profil, tourné à gauche, s'appuyant de la main droite sur son bâton, nº 163 (156).

Un gueux et sa femme, nº 164 (157).

3 Pièces.

375. Un mendiant et sa femme auprès d'une butte, nº 165 (158). IIme État. La planche entière et avec la marque de Rembrandt; elle a quelques retouches au burin. *Très rare.*

IVme État. La planche réduite, et sans marque.

376. Vieille mendiante, nº 170 (164). *L'épreuve est rognée.*

Copie du muet, dit le *Lazard-Klap*, gravée par M. Smith, nº 171, (165).

Paysan déguenillé, les mains derrière le dos,

n° 172 (166). IIIme État. Avec des hachures croisées sur le haut de la culotte.

Un mendiant assis et se chauffant les mains sur un *gueux*, espèce de chauffrette dont se servent les gens les plus pauvres, n° 173 (167).

Un gueux assis sur une butte, au pied d'un arbre, n° 174 (168).

5 Pièces.

377. Vieux mendiant assis avec un chien, portant l'année 1631 et non pas 1651, n° 175 (169). *Rare.*

Trois mendiants à la porte d'une maison, n° 176 (170). Épreuve et contre-épreuve.

Deux gueux en pendant, n°s 177 et 178 (171).

Un gueux avec une jambe de bois et un bras en écharpe, n° 179 (172).

6 Pièces.

378. Un berger couché près d'une bergère assise, n° 188, (180). Pièce dite *la Bergère*, ou l'*Espiègle*. *a.* Sans nom ni année. Le chapeau de la bergère se détache peu sur le fond, qui est couvert de tailles croisées très fines. Le coin d'en haut, à gauche, est peu chargé de tailles; la partie du rocher, derrière l'épaule gauche du berger, est resté en blanc jusqu'à la hauteur du hibou. *Très rare. Cette épreuve porte à la plume la trace du changement fait ensuite* au bras gauche du berger.

379. *b*. État décrit comme *premier* par Bartsch, et qui est le deuxième; le chapeau de la bergère se détache sur un fond clair. La pièce porte le nom et l'année.

c. État décrit comme *deuxième* par Bartsch, et qui est réellement le troisième. Le fond, derrière le chapeau, est recouvert de tailles et plus coloré que dans la première épreuve; celle-ci porte le nom et l'année. Le bras gauche du berger tombe à plomb.

Quelques personnes ont voulu considérer comme Ier Etat, celui décrit par Bartsch sous ce no; mais sans doute elles n'ont pas fait attention que le nom de Rembrandt ne se trouve pas dans l'état décrit ici sous la lettre *a*, tandis qu'il existe dans celui marqué *b*, et que ce nom étant placé sur le devant, il aurait été impossible de l'effacer sans enlever en même temps une partie de la terrasse.

380. Le vieillard endormi, no 189 (181). *Rare.*
L'homme qui pisse, no 190 (182). *Rare.*

381. Le dessinateur, d'après le modèle, no 192, (184). La mesure donnée par Bartsch est fautive.

Haut. 8 p. 6 l. — Larg. 6 p. 8 l.

a. Première épreuve avec le haut du chevalet, tout-à-fait clair. *Très rare.*

382. *b*. Deuxième épreuve où le chevalet est couvert de tailles, ainsi que la draperie qui tombe le long du modèle.

383. Académie d'un homme nu, assis les mains jointes, no 193 (185).

Deux figures académiques, dont l'une est assise, nº 194 (186).

Les baigneurs, nº 195 (187).

Académie d'un homme assis à terre, nº 196 (188).

4 Pièces.

384. La femme assise près du poêle, nº 197 (189). IIIme État. La femme a la tête couverte d'un bonnet, et le tuyau du poêle est sans clef. *Rare.* Épreuve sur papier de la Chine.

IVme État. La femme est nu-tête, et le tuyau du poêle a une clef. *Épr. sur papier de la Chine*, avec trois lignes de marge.

385. Une femme nue, assise sur une butte, nº 198 (190).

Une femme au bain, nº 199 (191). IIme État. *Rare.* Épreuve sur papier de la Chine.

Une femme nue, les pieds dans l'eau, nº 200 (192). Deux épreuves, *une sur papier de la Chine, et l'autre sur vélin.*

4 Pièces.

386. Diane au bain, et non pas Vénus, puisqu'on voit un carquois près de la déesse, nº 201 (193).

Une femme nue, assise sur un lit, et tenant une flèche, nº 202 (194).

Antiope et Jupiter en satyre, nº 203 (195). Ier État. Sans inscription.

Danaé visitée par Jupiter en pluie d'or, n° 204 (196). IIme État. Les genoux couverts.

Une femme nue couchée, vue par le dos, n° 205 (197). Pièce dite improprement *la Négresse*. Épreuve *sur papier de la Chine*, avec quatre lignes de marge.

5 Pièces.

PAYSAGES.

387. Le pont de Six, n° 208 (200).

Vue d'Omval, près d'Amsterdam, n° 209 (201). *a*. Conforme à la description de Bartsch. *Le papier a quelques nervures.*

Les épreuves du IIme Etat sont une espèce de trompe-l'œil où se trouve un huit de trèfle dans le haut à droite.

Vue d'Amsterdam, n° 210 (202).

Le chasseur avec deux chiens, n° 211 (203). Ier État. Avant la maison et la grange, sur la hauteur, à gauche, derrière deux petites figures dont l'une est debout et l'autre assise. *Ép. sur papier de la Chine*.

4 Pièces.

388. Paysage aux trois arbres, n° 212 (204).

389. L'homme au lait, n° 213 (205). IIme État. Avec les montagnes à gauche. *Rare*.

390. Le paysage au carrosse, n° 215 (207). *Retouchée au pinceau*.

391. Autre épreuve, aussi *retouchée au pinceau.*

392. Autre épreuve sur papier de la Chine, et aussi *retouchée au pinceau.*

393. Le paysage aux trois chaumières, n° 217 (209). Ier État. Avant les tailles croisées sur la façade de la première chaumière; au bas, à gauche, est une petite estampille qui est la marque d'un ami ou propriétaire.

IIme État, où le devant de la première chaumière est couvert de contre-tailles, *avec deux lignes de marge.*

394. Le paysage à la tour carrée, n° 218, (210). IIme État. Les arbres et l'escalier teintés par de légères tailles perpendiculaires. De grandes hachures en diagonales, couvrent l'espace au-dessus du nom de Rembrandt. *Épr. sur papier de la Chine, et une contre-épreuve.*

Le paysage au dessinateur, 219 (211).

Le berger et sa famille, n° 220 (212). *Deux épreuves.*

5 Pièces.

395. Le canal, n° 221 (213). Épreuve sur papier de la Chine. *Rare.*

396. Le bouquet de bois, n° 222 (214).

IIme État. La planche réduite. *Épreuve non ébarbée.*

Paysage à la tour ruinée, n° 223 (215) IIme État. Le dôme effacé, et la tour en ruine.

397. La grange à foin, n° 224, (216).

Bartsch n'a probablement pas vu cette pièce et il a répété les erreurs du Catalogue de Gersaint. Je ne crois pas qu'il existe d'épreuves avant le nom de Rembrandt.

a. Avec le nom de Rembrandt et l'année 1656; dans le lointain, derrière les trois petites figures à gauche. Le village dans le fond, à droite, est clair ainsi que le haut du toit de la chaumière. *Rare*. Deux épreuves, dont une sur papier de la Chine.

b. Avec le lointain; le village à droite est couvert d'une rangée de tailles fines et serrées; des hachures plus légères se trouvent sur la prairie où est le cheval, et sur le devant du chemin où sont les moutons. La chaumière est entièrement ombrée; cet état porte aussi le nom et l'année. Épreuve et contre-épreuve.

4 Pièces.

398. La chaumière et la grange à foin, n° 225 (217).

La chaumière au grand arbre, n° 226 (222). Épr. et contre-épreuve.

L'obélisque, n° 227 (218). *a*. Le toit d'une chaumière, dans le fond, à droite, est clair; la planche non ébarbée. *Très rare*.

Dans les secondes épreuves le toit des chaumières est couvert de hachures.

La barque à la voile, nº 228 (219).

5 Pièces.

399. L'abreuvoir, n. 231 (223). Ier État. Le fond de la grotte est noir. *Rare.*

400. La chaumière entourée de planches, nº 232 (224).

Les différences données par Bartsch ne sont pas exactes, le Ier Etat est sans nom ni année.

IIme État. Avec le nom de Rembrandt, et au dessous l'année 1632.

401. Le moulin de Rembrandt, nº 233 (225). *Belle épreuve*

Autre épreuve collée en plein, et dont il manque un grand morceau. —Une contre-épr.

402. La campagne du peseur d'or, nº 234 (226).

403. Le canal avec les cignes, nº 235 (227).

a. Les arbres du fond, à gauche, couverts d'un seul rang de tailles; et la prairie, derrière les vaches, entièrement claire. *Très rare.* Deux Épreuves, dont une *sur papier de la Chine.*

b. Les arbres du fond, à droite, couverts de tailles croisées, et le fond de la prairie teintée.

404. Le Paysage au bateau, nº 236 (227).

405. L'abreuvoir à la vache, nº 237 (228).

a. Avec les montagnes dans le milieu du fond, au-dessus des arbres à gauche; le ciel un peu sale. Deux épreuves.

b. Les montagnes supprimées, et le ciel nettoyé.

406. Le paysage à la barrière blanche, n° 242 (234). Ier État, où l'on ne voit pas la femme appuyée sur la porte. *Très rare*. Deux épreuves sur papier de la Chine, dont une est retouchée au pinceau.

407. Quatre autres épreuves aussi sur papier de la Chine, et retouchées au pinceau.

408. Le paysage aux palissades, n° 247 (sup. 13). *Épreuve sur papier de la Chine. Très rare.*

409. La maison aux trois cheminées, n° 250 (sup. 16). Épr. sur papier de la Chine, *de la plus grande rareté*.

PORTRAITS D'HOMMES.

410. Homme assis sous une treille, n° 257 (237). *Très belle épreuve.*

Jeune homme assis, vu à mi-corps, n° 258 (238). *Rare.*

411. Vieillard portant la main à son bonnet, n° 259 (239). Ier État. La planche non terminée. *Superbe épreuve.*

412. Vieillard à grande barbe, n° 260 (240). Ier État. La planche entière, et portant l'année 1631.

Homme avec chaîne et croix, n° 261 (241) IIme État. Avec le col de la chemise. *Belle épr.*

Vieillard à grande barbe avec un bonnet fourré, nº 262 (242).

3 Pièces.

413. Homme à barbe courte, avec un bonnet fourré, nº 263 (243). Ier État. La planche plus large; on voit les deux mains de l'homme. *Rare.*

IIIme État. La planche réduite, et les mains supprimées.

414. Jean Antoine Vander Linden, nº 264 (244). Ier État. Le bout des arbres n'est qu'au trait, *de la plus grande rareté. Très belle épreuve.*

IIe État. L'intervalle entre les balustres est bien senti.

415. Vieillard à barbe carrée, nº 265 (245).

Jean Silvius, nº 266 (246). Deux épreuves, dont une où la barbe est retouchée au pinceau avec du blanc. — Une contre-épreuve retouchée avec de l'encre et du blanc, au pinceau.

Jeune homme assis réfléchissant, nº 268 (248).

Manasses Ben-Israël, auteur du livre espagnol sur la statue de Nabuchodonozor, nº 269 (249).

Le docteur Faustus, nº 270 (250). *a.* Les rayons vont jusqu'au haut de la croisée; la planche n'est pas ébarbée, ce qui se voit principalement au voile suspendu derrière le docteur. Deux épreuves, dont une sur *papier de la Chine*.

Dans les épreuves du IIe État, les rayons s'arrêtent à la traverse du milieu de la croisée.

5 Pièces.

416. Renier Ansloo, no 271 (251). Au bas, sur un papier séparé, est écrit à la main : *Cornelis, Claess, Anslo.*, avec quatre vers hollandais. *Deux épr., dont une où les vers sont coupés*, plus, une copie par Salomon Savry.

417. Clément de Jonghe, no 272 (252). IIe État. Le fond entièrement blanc.

IIIe État. Le cintre légèrement tracé. *Rare.*

IVe État. Le cintre avec des tailles croisées; on voit une boucle au ruban du chapeau. — Une contre-épreuve de ce IVe Etat.

418. Abraham France, no 273 (253). Ier Etat. Le bout du rideau est relevé sur l'un des volets du tableau. *Très rare épr. sur papier de la Chine.*

IIIe État. Où le papier qu'il tient est tout couvert d'ombres. *Epr. sur papier de la Chine.*

419. Harring, le père, no 274 (254). Deux épr. dont une tirée en second sans encrer de nouveau la planche.

Harring, le fils, no 275 (255).

IIe État. Avec la tringle à la fenêtre. *Deux épr. dont une sur papier de la Chine.*

4 Pièces.

420. Jean Lutma, père de celui qui a gravé quatre portraits au maillet, nº 276 (256). Ier État. Avant la croisée. *Deux épr., dont une sur papier de la Chine.*

IIe État. Avec la croisée. *Épr. sur papier de la Chine, avec deux lignes de marge tout autour.*

421. Jean Asselin, dit *Crabetje*, nº 277 (257). Ier État. Avec un chevalet et un tableau dans le fond. *Rare. Épr. sur papier de la Chine, rognée par le bas.*

422. IIe État. Le chevalet effacé, mais dont on voit les traces. *Rare. Épr. sur papier de la Chine.*

IIIe État. Le fond nettoyé.

423. Ephraïm Bonus, dit *le Juif à la rampe*, nº 278 (258). Ier État. Avec la bague noire. *Très rare.*

424. IIe État. Avec la bague blanche.

425. Wtenbogardus, nº 279 (259). Ier État. La planche carrée et sans les vers, retouchée au crayon et au pinceau.

426. IIe État. La planche réduite en octogone et avec les vers.

427. Jean Sylvius, en ovale avec seize vers au bas, nº 280 (260).

428. Utenbogaërd, dit *le peseur d'or*, nº 281 (261). Ier État. La tête n'est que tracée à la pointe. *Rare.* Avec trois lignes de marge.

429. IIe État. La tête terminée. Autre épreuve du même État, *retouchée au pinceau avec du bistre.*

430. Le petit Coppenol, n° 282 (262).

IIe État. Avec les équerres et le compas. *Deux épreuves, dont une avec une marge de cinq lignes tout autour.*

431. Le grand Coppenol, n° 283 (263). Ier État. Le fond blanc. *Rare. Épr. sur papier de la Chine, avec quatre lignes de marge tout autour.*

432. IIe État. Le fond couvert de tailles. *Épreuve sur papier de la Chine avec six lignes de marge tout autour.* Sur le papier que Coppenol tient à sa main, il a écrit lui-même à l'encre : *Qui art a, partout part a, Lieven Van Coppenol. R. V. Ryn fecit anno* 1658.

433. Autre épreuve du IIe État, sur papier ordinaire ; au bas une bande de papier avec quatre lignes d'écriture terminées ainsi : *Lieven van Coppenol scrips. ano* 1661 *ætatis suæ* 62.

434. IIIe État. La planche coupée. Deux épreuves de la copie, l'une au fond blanc, l'autre avec le fond noir.

435. L'avocat Tolling, 284 (264). *Très rare. Superbe épr. sur papier de la Chine, avec deux lignes de marge tout autour.*

436. Le bourguemestre Six, n° 285 (265).

IIe État. L'appui de la fenêtre supprimé. *Epr. sur papier fort avec de la marge.* — Plus la copie par Basan.

TÊTES D'ÉTUDES.

437. Trois têtes orientales, nos 286 à 288 (266), dont le no 286 est le portrait de Cats, précepteur de Guillaume II, prince d'Orange, le no 288 est *très rare.*

438. Homme en cheveux long, avec une toque de Mezzetin, no 289 (267).

Vieillard à grande barbe, no 290 (268).

Vieillard à grande barbe et la tête chauve, no 291 (269).

Vieillard à tête chauve, no 292 (270).

IIIe État. La planche réduite.

Vieillard à tête chauve, no 294 (270). *Rognée sur la hauteur.*

Vieillard à grande barbe, la tête couverte, no 295 (272). *Rognée.*

Vieillard à tête chauve. no 296 (273).

Vieillard sans barbe avec un grand bonnet en fourure, no 299 (276). *Rognée sur la hauteur.*

8 Pièces.

439. Tête d'homme de face, no 304 (280). IIe État. La planche entière avec la marque et l'année. *Très rare.*

IIIe État. La planche coupée et le fond ombré dans le haut.

440. Vieillard à barbe courte et la tête chauve, nº 306 (282).

Un homme la tête couverte d'une récille, nº 308 (285). *Rare*. Belle épreuve.

Vieillard à grande barbe blanche, nº 309 (286). *Belle épreuve*, avec une ligne de marge tout autour.

3 Pièces.

441. Guillaume II de Nassau, prince d'Orange, nº 310 (287).

442. Homme avec un chapeau à grand bord, nº 311 (288).

Vieillard à grande barbe, nº 312 (289).

Vieillard à barbe carrée, nº 313 (290), deux épreuves.

Tête de face riante, et qu'on croit être *le portrait de Rembrandt*, nº 316 (294).

Dans les premières épreuves on ne voit pas le bord de la cravatte, et on aperçoit sur le bord de la planche à droite quelques essais de pointe.

b. La cravatte est terminée, les cheveux couvrent l'oreille, le bord de la planche est nettoyé.

Philosophe avec un sablier, nº 318 (296).

Les premières épreuves sont dures et d'un travail assez lourd, on voit six hachures sur la tête de mort.

b. Les traits de la barbe sont fins et déliés; quelques-unes des hachures du fond ont été brisées et manquent sur la tête de mort, ainsi que trois petites hachures.

Portrait de Rembrandt, avec un bonnet dont le bord est coupé par le haut de la planche, nº 320 (298).

7 Pièces.

443. Homme assis avec trois petites moustaches, nº 321 (299). *a.* La planche entière. *Très rare.*

Haut. 4 p. — Larg. 3 p. 3 l.

Les secondes épreuves sont tirées de la planche réduite à la mesure donnée par Bartsch.

Vieillard à barbe large et carrée, nº 325 (304).

444. Tête grotesque, nº 326 (305). Ier État. A l'eau-forte pure. *De la plus grande rareté.*

445. *a.* La bandelette du bonnet est couverte de hachures, et derrière l'oreille, les tailles sont croisées. *Rare.*

Tête grotesque, nº 327 (306). IIme État. Avec des tailles croisées sur l'épaule droite.

PORTRAIT DE FEMMES.

446. La grande mariée juive, nº 340 (311). Ier État. La tête seule est terminée, ainsi que les cheveux et le haut du fond. *Rare.*

IIme État. Les mains et les grandes manches de la chemise ne sont pas couvertes de tailles. *Très rare.*

IIme État. La planche entièrement finie; on voit difficilement l'année.

447. Sainte Catherine, dite *la petite mariée juive*, no 342 (312). Deux épreuves.

Vieille femme assise, no 343 (313).

Dans les premières épreuves, le dessus du fauteuil est couvert de tailles croisées légèrement.

b. Le dessus du fauteuil, jusqu'au coin, à gauche, est surchargé d'une troisième taille en diagonale; les hachures du fond montent jusqu'à la hauteur du monogramme. Deux épreuves, dont une peu chargée de clair-obscur.

Vieille femme assise, no 344 (313).

Jeune femme lisant, no 345 (314). IIme État. Le nez allongé.

Femme coiffée en cheveux, no 347 (316). *L'épreuve est rognée.*

Vieille femme coiffée à la manière orientale, no 348, (317). IIme État. L'ombre de derrière la tête effacée jusqu'à la hauteur de l'épaule.

6 Pièces.

448. La mère de Rembrandt, no 349 (318).

Vieille femme dormant, no 350 (303). 2 *Ép.*

3 Pièces.

449. La mère de Rembrandt, no 351 (319). Ier État. La planche plus grande, sans nom, année. *De la plus grande rareté.*

Hauteur, 2 p. 3 l. — Largeur, 2 p. 4 l.

450. IIme État. La planche réduite à la mesure donnée par Bartsch. Deux épreuves.

La mère de Rembrandt, n° 352 (320).

Les premières épreuves sont tirées de la planche entière; je ne puis en donner la dimension, la seule épreuve que j'aie vue étant rognée ; il n'y a ni nom ni année.

b. La planche réduite à la mesure donnée par Bartsch.

451. La mère de Rembrandt, n° 354 (321).

a. La tête seule est faite, le corps n'est pas tracé ; avant la marque et l'année. *De la plus grande rareté.*

b. Avec la marque et l'année 1648.

452. Jeune fille avec un panier, n° 356 (323). *Rare.*

Mauresse blanche, n° 357 (324). IIe État. La planche réduite.

Tête de femme, n° 358 (325). IIe État. La planche réduite. *Cette épreuve est rognée.*

Femme avec une grande cornette, n° 359 (326). *Rare. Cette épreuve est rognée.*

4 Pièces.

453. Vieille femme avec des lunettes, n° 362 (sup. 31). *De la plus grande rareté.*

ÉTUDES.

454. Griffonements avec la tête de Rembrandt, n° 363 (329). IIe État. La planche nettoyée et réduite.

Six têtes d'étude, où se trouve le portrait de la femme de Rembrandt, nº 365 (331).

Trois têtes de femme, dont une est seulement tracée, nº 367 (333). IIᵉ État. *L'épr. est rognée.*

Trois têtes de femme, dont une est endormie, nº 368 (334). *L'épr. est rognée.*

Griffonements où se voient deux études de femmes couchées dans un lit, nº 369 (335).

Deux fragments de cette même planche.

7 Pièces.

455. Un homme à mi-corps, avec six têtes d'étude, nº 366 (332).

Cette planche se trouve rarement entière, le cuivre ayant été coupé. Les pièces ont été décrites sous les nºˢ 143 (141); 300 (277); 303 (279); 333 (sup. 15); et 334 (sup. 26).

Il ne se trouve ici qu'un fragment de la planche entière, qui est tellement *rare*, que je ne l'ai vu qu'une seule fois. De plus, quatre épreuves, dont trois différentes du morceau décrit sous le nº 300 (277).

5 Pièces.

456. Paysage aux deux pêcheurs, non décrit dans aucun catalogue, et de *la plus grande rareté*.

Plusieurs maisons entourées d'arbres se voient au bord d'un chemin, tirant de la gauche, vers le milieu, où est un petit pont de bois sur un canal venant de la droite; sous les arbres les plus près de la maison qui occupe le milieu, on voit plusieurs paysans en goguette; tout-à-fait à droite, sur le devant, sont deux hommes occupés à pêcher.

Largeur, 6 p. 8 l. — Hauteur, 3 p.

457. Tête d'un vieillard, la tête couverte d'un bonnet singulier, ayant sur les épaules un manteau ouvert, qui laisse voir une chaîne à laquelle est suspendue une médaille. Dans le fond, à droite, on voit une espèce de colonne; à gauche, quelques griffonnis.

Hauteur, 3 p. 6 l. — Largeur, 2 p. 1 l.

Cette pièce, sans nom ni année, n'est décrite dans aucun catalogue; elle est gravée avec goût et paraît être *de la main de Rembrandt.*

458. La même tête que celle décrite sous le nº 260, gravée d'une taille dure et en contre-partie. Cette pièce paraît être de la main de Rembrandt; l'épreuve n'est pas entière.

Hauteur, 2 p. 7 l. — Largeur, 2 p. 2 l.

Dans les mêmes volumes on trouve aussi les pièces suivantes, par divers maîtres, savoir:

Par Ferdinand Bol.

459. Tête d'homme coiffé d'une toque, nº 13.*

Par J. Lievens.

Tête d'homme de profil, tournée à droite, nº 24. *Avant la marque* I. L, épreuve collée en plein.

* Ce nº et les suivants sont ceux du catalogue de Bartsch.

Tète de vieillard avec un bonnet, vue de profil, tournée à droite, nº 46.

3 Pièces.

PAR JEAN GEORGE VAN VLIET.

460. Loth et ses filles, d'après Rembrandt, nº 1. Très belle épr. avant les contretailles sur le rocher à droite.

461. S. Philippe baptisant l'eunuque de la reine Candace; d'après Rembrandt, nº 12. Belle épr. collée en plein; le papier est un peu fatigué dans le haut.

S. Jérôme à genoux au milieu d'une grotte; d'après Rembrandt, nº 13. *Très belle épr.*

462. Quatre têtes; d'après Rembrandt, nºs 20, 22, 23 et 24. — Une vieille lisant; d'après Rembrandt, nº 18.

PAR DIVERS MAÎTRES.

Bethsabée au bain; grande pièce en largeur d'après Rembrandt, gravée par J.-M. Moreau. 1763.

La Circoncision; pièce gravée dans le goût de Rembrandt, nº 7.

Le charlatan lisant; pièce gravée dans le goût de Rembrandt, nº 19.

Portrait de la femme de Rembrandt, de profil, gravé par Guillaume de Leu.

Un jeune homme vu à mi-corps, tourné vers la gauche; dans le goût de Rembrandt, nº 30.

Deux têtes, d'après Rembrandt — Jean Lutma, orfévre, gravé par son fils, Jean Lutma le jeune, en 1696.

13 Pièces.

PIÈCES DOUBLES DE REMBRANDT.

Elles ne font pas partie de l'œuvre ci-dessus décrit.

463. Portraits de Rembrandt, nos 10, 16, 22. IVme État, 23. IIIme État. *Rogné.* 4 Pièces.

464. Agar renvoyée par Abraham, no 30. — Abraham caressant Isaac, no 33. — Joseph racontant ses songes à ses frères, no 37. IIme État. — Joseph fuyant la femme de Putiphar, no 39, — Tobie aveugle, no 42. *Épr. défectueuse.*

5 Pièces.

465. L'annonciation aux bergers, no 44. IIme État. — Adoration des bergers, no 46. IIIme État, — La Circoncision, no 48. — Fuite en Égypte, no 55. — Repos en Égypte, no 57. IIme État. — Jésus-Christ disputant avec les docteurs de la loi, no 64. IIme État. 6 Pièces.

466. Les disciples d'Emmaüs, no 87. IIme État. — Le même sujet, plus petit, no 88. — Retour de l'enfant prodigue, no 91. — Martyre de saint Étienne, no 97.

4 Pièces.

467. Les musiciens ambulants, no 119. — Le vendeur de mort aux rats, no 121. IIme État. — La

synagogue, n° 126.—Le paysan avec sa femme et un enfant, n° 131. — Juif à grand bonnet, n° 136. — Petites figures polonaises, n° 140.

7 Pièces.

468. Mendiants à la porte d'une maison, n° 176. —Académie d'un homme assis, n° 193. *Épr. défectueuse.* — Deux académies d'homme, n° 194. —Académie d'une femme assise, n° 198, *Épreuve rognée.* — Femme nue, les pieds dans l'eau, n° 200.

5 Pièces.

469. Vieillard portant la main à son bonnet, n° 259. Ier État. La planche non terminée par Schmidt. *Rognée.* — Homme à barbe courte et bonnet fourré, n° 263. IIme État. — Jeune homme assis, n° 268. *Bartsch, en donnant les dimensions, a pris la hauteur pour la largeur.* — Clément de Jonghe, n° 272. Vme état.

4 Pièces.

470. Vieillard à grande barbe, n° 290. — Vieillard à tête chauve, n° 291. — Tête d'homme chauve, n° 292. *Rognée.* — Jeune homme à mi-corps, n° 310, *épreuve défectueuse.* — Vieillard à tête chauve, n° 324.

5 Pièces.

471. La grande mariée juive, n° 340. IIIme État. — Vieille femme, assise devant une table ronde, n° 343. Vieille femme assise, coiffée à la manière orientale, n° 348. IIme État. —

Vieille endormie, n° 350. — Deux griffonnis, n°s 368 et 369. Ce dernier porte par derrière le nom de *Mariette*, et l'année 1674.

6 Pièces.

472. L'*Ecce Homo* et la descente de croix, gravés par Lebas, d'après Rembrandt. — Adam et Ève, copie du n° 28. — Jacob pleurant la mort de Joseph, copie du n° 38, etc.

19 Pièces.

473. Recueil de trente-huit copies, d'après Rembrandt, par Novelli, Sardi et Cumano; avec vingt-six contre-épreuves. Un vol., mar. rouge.

64 Pièces.

LIEVENS (JEAN), *né à Leyde en* 1607.

474. Saint François, n° 7. — Buste d'un oriental, n° 13. IIme épreuve, la planche réduite. — Éphraïm Bonus, médecin juif, n° 56. — Portrait de Cats, précepteur du prince d'Orange, et deux autres pièces.

6 Pièces.

SCHUT (CORNEILLE), *né à Anvers vers* 1590.

475. Susanne. — Judith. — Bethsabée. — Sainte Famille. — Jeux d'enfants. 7 Pièces.

UDEN et autres (LUCAS VAN), *né à Anvers en* 1595.

476. Fuite en Égypte, n° 49. Épreuve retouchée. Plusieurs pièces par Th. Van Thulden, Gu. Panneels, G. Nieulandt, Luyken, etc.

21 Pièces.

VYTENBROECK (Moïse), *né à La Haye vers 1600.*

477. Agar se retirant dans le désert, n° 3, avec l'adresse de Hondius et l'année 1646. — Deux bâtiments de mer, par Zeeman, et plusieurs pièces par J. Umbach, Prenner, Genoels, etc.

18 Pièces.

OSTADE (Adrien van), *né à Lubeck en* 1610.

478. Un gueux avec un chapeau rond et un manteau, n° 22. — La chanteuse, n° 30. — Intérieur, n° . Plus la mère et l'enfant au cabaret, par Corneille Béga, n° 31.

HOLLAR (Winceslas), *né à Prague en* 1607.

479. Latone et ses deux enfants insultés par les paysans de Lydie, d'après Elsheimer, 1640. — Paysage d'après J. Van Artois, 1649. — Petit portrait d'un homme, avec barbe, et coiffé d'une toque, d'après Holbein, 1646. — Petit portrait d'un jeune homme avec beaucoup de cheveux; sa toque n'est gravée qu'au trait, d'après J. Félix Biler, 1635.

4 Pièces.

STORER et autres (Jean Christophe). 1600?

480. Jésus-Christ au Jardin des Olives, est secouru par un ange; pièce ovale. — La Madeleine en adoration. — Plusieurs autres pièces par Franc-Flore, van Aken, Almeloven, J. Miel, etc.

12 Pièces.

DIVERS MAITRES FLAMANDS.

481. Différentes pièces par Wierx, Lairesse, J. de Visscher, etc.

TENIERS, le fils (DAVID), *né à Anvers en* 1610.

482. Quatre pièces à l'eau-forte.

BOTH (JEAN), *né à Utrecht vers* 1610?

483. Les quatre paysages en hauteur, nos 1 à 4. Au no 4, le nom de *Mathan* est effacé; aux autres on lit en place celui de *Mariette*.

Paysages en largeur, nos 6 à 10. IIIme Épr., avec l'adresse de P. Mariette.

9 Pièces.

WATERLO (ANTOINE), *né à Utrecht vers* 1618.

484. Différents paysages; suite incomplète de quatre pièces, nos 4, 5 et 6. — Suite incomplète de douze p. nos 7, 15, 16 et 18, IIme état, avec les nos changés.—Suite de douze p. nos 21 à 32. Sur le no 21 on voit en haut, à gauche, la lettre *A*. en place de *Tome II* qui a été effacé, ainsi que ceux *page* 59, à droite. — Suite incomplète de six p. nos, 33 à 37.—La chaumière au clair de lune, no 39; en haut, à droite, le chiffre 6.—Suite de six p. nos 47 à 52.—Le voyageur près du bois, no 53. — La maison garnie de verdure, au bord de la rivière, no 54.—L'entrée du bois entourée d'une haie, no 55. — Les deux hommes à la barrière, no 56. — Le

bois au milieu d'une rivière, n° 57.—L'arbre venu de biais, n° 58.—Suite de six p. n°s 59 à 64.—Suite de six p. n°s 65 à 70.—Partie d'une suite de six p. n° 84.—Suite incomplète de six p. n^{os}, 90, 92, 93 et 94.—Suite incomplète de douze p. n^{os}, 95, 96, 98, 100 et 101.—Suite de six p. n^{os}, 107 à 112.—Suite incomplète de six paysages en hauteur, n°s 119 à 123.—Suite de six paysages en hauteur avec des sujets mythologiques, n°s 125 à 130. — Partie d'une suite de paysages en hauteur, avec des sujets de l'ancien Testament ; Agar consolée par un ange, n° 132. — Un arbre venu de biais, et placé près d'un ruisseau, du côté droit. Pièce regardée comme douteuse par Bartsch ; dans le haut, à droite, est le chiffre 6.

En tout, 81 Pièces.

485. Doubles des pièces, n°s 4, 5, 23, 30, 36, 37, 61, 62, 63, 65, 66 et 125.

12 Pièces.

VISSCHER (Corneille), *né en Hollande vers* 1620.

486. Le vendeur de mort aux rats, et la Bohémienne.

487. Le chat accroupi, derrière lequel est un rat. —Un jeune homme tenant une lumière, et regardant une souricière que tient une jeune fille.

488. Le joueur de vielle et sa famille ; pièce dite

le violoneur, d'après Ostade. *Épr. fatiguée.* —Un buste de femme, la main placée sur sa poitrine; tiré du cabinet de Reinst.—Cinq autres pièces, dont le four à chaux d'après P. de Laer.

489. Quatre paysages avec des animaux, numérotés 1 à 4 dans le bas, à droite. Sur le premier, une fontaine avec un buste; au-dessous est écrit : *Berghem delin.* 1655, *C. de Visscher.* Deux autres pièces aussi d'après Berghem.

VISSCHER (LAMBERT), *né à Amsterdam en* 1634.

490. Portraits de Stanislas Lubiencetz.—Frobenius. — Un jeune homme pinçant l'oreille à un chat.

VISSCHER (JEAN), *né à Amsterdam en* 1636.

491. Suite d'animaux; d'après Berghem, numérotée 1 à 4. Sur la première pièce, une grande pierre sur laquelle on lit : DIVERSA ANIMALIA QUADRUPEDIA.—Plusieurs autres suites incomplètes, d'après Berghem. En tout, 33 Pièces.

492. Scènes militaires, d'après Wouwermans, 8 pièces. — Scènes familières, d'après Ostade; dont le dévideur, et une noce de village. — 5 Pièces.—Six vues, d'après les dessins de J. Van Goyen. — Des bestiaux, d'après W. Romeyn, et un nègre tenant un arc.

En tout, 19 Pièces.

SWANEVELT (HERMAN), dit Herman d'Italie, *né en Hollande vers* 1620.

493. Suite de petits paysages en ovale, nos 1 à 24. —Suite de quatre paysages avec des scènes

de satyres, nos 49 à 52. — Suite incomplète des vues de Rome, nos 53 à 65; *manquent les* nos 57 et 59. — Suite incomplète de douze; nos, 83 à 87. — L'histoire d'Adonis, nos 101 à 106; *manque le* no 105. — Suite incomplète des pénitents, nos 108 et 110. Ce dernier *taché d'huile*. — Balaam, no 11, avec l'adresse de Poilly. — Suite de quatre paysages en hauteur, nos 112 à 115.

En tout, 55 Pièces.

WOUWERMANS (PHILIPPE), *né à Harlem en* 1620.

494. Œuvres de Ph. Wouvermans, Hollandais, gravées d'après ses meilleurs tableaux qui sont dans les plus beaux cabinets de Paris, etc., par I. Moyreau. — Paris, 1737. Un vol. grand-aigle, dos de basane; 100 planches, les deux dernières *avant la lettre*.

KYSELL (MATHIEU), *né à Augsbourg vers* 1621.

495. Portraits de Jean-Michel Dilherras, d'après Ulrich Mayer; *avant et avec la lettre*. — Jérôme Zulzer.

3 Pièces.

BERGHEM (NICOLAS), *né à Harlem en* 1624.

496. La vache qui s'abreuve, no 1. IIme épreuve avec le nom en petits caractères. — La vache qui pisse, no 2. IIme épr. — Les trois vaches au repos, no 3. IIIme épr. — Le pâtre jouant du flageolet, no 6. Ire épr., *avec marge*. — Le pâtre

causant avec une femme, n° 7. *Pièce rare.*
5 Pièces.

497. Suite d'animaux, en hauteur, n°s 9, 10 et 11.
3 Pièces.

498. La petite bergerie, *incomplète*, avec les adresses effacées, n°s 29, 30, 31, 35, 36, 37, 39, 40, 41, 42, 44, 46, 49, 50, 53, 54.
16 Pièces.

499. Doubles des n°s 1, 6 et 11.

500. Pastorales diverses et études de bestiaux, d'après les compositions de Berghem.
24 Pièces.

CABEL (ADRIEN VANDER), dont le nom véritable est VANDER TOOW, *né à Ryswick en* 1631.

501. Paysages de diverses suites. — La tour pointue, n° 4. — Le berger amoureux, n° 5. — La fuite en Égypte, n° 6. — La montagne entourée de nuages, n° 10. — L'homme à la draperie flottante, n° 12. — Le port de mer, n° 14. — La fille portant un panier sur sa tête, n° 17. — Le berger et son troupeau, n° 18. — Le village au bord de l'eau, n° 23. — L'homme à la draperie flottante, n° 27. — Le mendiant assis, n° 28. *Toutes ces pièces sont belles d'épreuves, et avec une grande marge.* — L'homme à l'ombre avec deux femmes, n°s 33 et 40. — Le village aux trois tours, n° 35. *Ces trois pièces piquées de trous de vers.* — Le paysage avec un grand lointain, n° 42. — Le pâtre menaçant

un hibou, nº 43. — L'homme à cheval, nº 47. — Le château entouré d'eau, nº 48. — Le repos en Égypte, nº 49.

20 Pièces.

RUYSDAEL (JACQUES), *né à Harlem vers* 1635.

502. Trois paysages, nos 1, 2 et 3.

JARDIN (CARLE DU), *né à Amsterdam en* 1635.

503. Études et sujets divers. IVe épr., les adresses effacées; manquent les nos 6, 16, 23, 35, 42, 51 et 52. Il se trouve une copie du nº 23.

46 Pièces.

BAUDUIN (ANTOINE-FRANÇOIS), *né à Dixmude en* 1640.

504. Paysages, chasses, marches d'armées, etc.; d'après Vander Meulen.

13 Pièces.

GENOELS (ABRAHAM), *né à Anvers en* 1640.

505. Paysages de différentes suites.

Le bourg à une hauteur d'un rocher, nº 34. — Le bateau tiré par quatre hommes, nº 60. — Le pays rempli de roches, nº 61. — Le pont à trois arches, nº 62. — La rivière au bas de la chaîne des montagnes, nº 63. — Les trois figures debout sur un pont, nº 65. — *Ces pièces, belles épreuves avec marge.* — Un grand jardin avec deux statues, nº 69. — La galerie derrière un grand bassin, nº 70.

7 Pièces.

LAIRESSE (GÉRARD), *né à Liège en* 1640.

506. Jésus-Christ apparaissant à saint Thomas. — Sainte Thérèse. — Bacchus et une nymphe, Vénus et des Amours. — Vénus et Énée, Iphigénie, etc.

22 Pièces.

FEBVRE (VALENTIN LE), *né à Bruxelles en* 1642.

507. Opera selectiora quæ Titianus Vecellius Cadubriensis, et Paulus Calliari Veronensis inventarunt et pinxerunt, quæque Valentinus le Febvre Bruxellensis delineavit et sculpsit, etc. 1682.

57 Pièces.

SART (CORNEILLE DU), *né à Harlem en* 1665.

508. Le cordonnier, n° 14. IIe épr., l'adresse de J. Gole effacée. — Le violon assis dans l'intérieur d'un cabaret, n° 15. Ire épr. avant la retouche avec la berceau. *Très rare*. La marge du bas est rognée. La fête de village, n° 16.

DIETRICH (CHRISTIAN-GUILLAUME-ERNEST), *né à Weimar en* 1712.

509. Recueil ayant pour titre, sur un rocher, *OEuvres de C.-G.-E. Dietrich, peintre de S. A. Électorale de Saxe*, etc.; 87 planches sur 58 feuilles, *à Dresde*, chez la veuve Dietrich. *Il n'y a que* 50 *planches*.

SCHMIDT (George-Frédéric), *né à Berlin en* 1712.

510. Présentation au temple, d'après Dietrich. — Saint Pierre, d'après F. Bol. — Trois études, d'après Rembrandt.

5 Pièces.

RODE (Christian-Bernard), *né à Berlin en* 1725.

511. Agar. — Tobie. — Présentation au temple. —Le Samaritain.—Romulus et Remus.—Saint Pierre venant de renier Jésus-Christ. — Les trois Parques.—L'Amour chez Anacréon, etc.

12 Pièces.

WEIROTTER (François-Edmond), *né à Inspruck en* 1730.

512. Dix-huit paysages, tant par lui que d'après lui.

PLOOS van Amstel (Corneille), *né à Amsterdam en* 1732.

513. OEuvres de Ploos Van Amstel, publiées par C. Josi. *Londres.* Liv. I. à 16. 64 *pl. coloriées et montées en dessins.*

GESNER (Salomon), *né à Zurich en* 1734.

514. Deux jeunes filles et un marchand de petites figures, 1770, autres pièces par Norblin, Fratrel, Ranhold, Knip, etc.

6 Pièces.

KAUFFMAN (ANGÉLIQUE-MARIE), *né à Coire en 1742.*

515. Renaud et Armide. — Deux études de femmes assises, gravées à Bologne en 1765 et 1766. — Portrait d'un homme âgé, dans un ovale; au bas est écrit, *Anatomicorum princeps ;* d'après Nahanael Dance. — Une femme âgée avec une pelisse à capuchon. — Une jeune fille les deux mains posées sur un grand livre, gravé à Londres en 1770.

6 Pièces.

SUNTACH (G.) *Allemagne* 1750 ?

516. Allégorie sur les efforts de l'ignorance et de la paresse, pour éteindre la clarté que répand la philosophie; d'après M. Denon. Plus, cinq copies d'après Rembrandt, dont le Philosophe endormi, nº 145 : l'original est de la plus grande rareté.

6 Pièces.

BARTSCH (ADAM), *né à Vienne en* 1757.

517. Danse de deux Faunes et une Bacchante, d'après Raphaël. — Cinq études, d'après Guerchin. — Suite intitulée : Groupes d'animaux, dessinés par Henri Roos, gravés par A. Bartsch, 7 Pièces. — Différents sujets d'après Berghem, Paul Potter, Dietrich, etc.

21 Pièces.

LIGNES (le prince CHARLES DE), *né à Bruxelles en* 1735.

518. Douze études, gravées à l'eau-forte et au lavis; d'après des dessins de Léonard de Vinci, François Parmesan, Le Guerchin, Le Guide, Louis Carrache et Teniers.

12 Pièces.

MAULPERSCH (ANTOINE), 1760?

519. Une scène de bateleurs, 1785.

HESS (CHARLES), *né à Darmstadt vers* 1760.

520. La Nativité. — L'élévation de Jésus-Christ en croix. — La descente de croix. — Jésus-Christ mis au tombeau. — La Résurrection de Jésus-Christ. — L'Ascension. — Portrait de Rembrandt. Toutes ces pièces gravées d'après des tableaux de Rembrandt, qui font partie de la galerie de Dusseldorff.

Portraits de Gérard Flinck et de sa femme, peints par Flinck, et qui sont aussi dans la galerie de Dusseldorff.

En tout 9 Pièces.

FREY (JACQUES P. DE), *né à Amsterdam en* 1770.

Venu à Paris vers 1800, et déjà paralysé de la main droite, il a continué à travailler avec succès pendant plusieurs années, et grava plusieurs planches pour le Musée français; ses infirmités ayant beaucoup augmenté et l'ayant mis dans l'impossibilité de continuer ses travaux, il fut accueilli dans un hospice où il existe encore.

521. Cet œuvre où il manque très peu de pièces pour être complet et dans lequel plusieurs planches se trouvent avec des différences assez rares, sera vendu en un seul lot.

Son portrait gravé à l'eau-forte par lui-même : il est vu de trois quarts, tourné vers la gauche.

Isaac donnant sa bénédiction à Jacob, gravé d'après G. Flinck, en 1798. Deux épr., une à l'*eau-forte*, et l'autre *avant la lettre.*

Jacob bénissant les deux enfants de Joseph ; d'après Rembrandt. Epr. *avant toute lettre*, et avec une dédicace manuscrite à M. Denon.

Tobie et son fils se jetant tous deux à genoux au moment du départ de l'ange; peint par Rembrandt, en 1657, et gravé en 1810. *Épr. avant toute lettre.*

Sainte Famille, dite le *ménage du menuisier;* d'après le tableau de Rembrandt, gravé pour le Musée français, en 1803. Deux épr., l'une à l'*eau-forte pure*, et l'autre *avant toute lettre*, et sur papier de la Chine.

Les disciples d'Emmaüs, d'après le tableau de Rembrandt, qui est au Musée royal; gravé pour le Musée français. Deux épr., une à l'*eau-forte pure*, l'autre *avant toute lettre*, et sur papier de la Chine.

Jésus-Christ guérissant la mère de saint Pierre, gravé en 1797, d'après le tableau de G. Metzu. Deux épr., l'une à l'*eau-forte*, la planche ayant une marge de 18 lignes; l'autre terminée et *avant la lettre*, la marge de la planche réduite à 7 lignes.

Tête de saint Pierre, de profil, tourné à droite, ayant une chape sur les épaules. Cette pièce est légèrement gravé à l'*eau-forte*.

Un cénobite à grande barbe et à tête chauve, assis à l'entrée d'une grotte, près de laquelle on voit un tronc d'arbre sur le devant, à droite: il tient un grand livre ouvert. Gravé en 1796, d'après le tableau de G. Breckelenkamp. Deux épr.: dans la première, le coin du ciel, à gauche, est entièrement blanc; l'autre est *avant la lettre*.

Un philosophe, vu de profil, tourné à gauche; il est assis près d'une table sur laquelle est un livre ouvert, une lampe allumée et un sablier. Peint par G. Breckelenkamp, en 1663, gravé en 1796. Deux épr., dont une où le livre ouvert est entièrement blanc; l'autre épr. est *avant la lettre*.

Un architecte de la marine et sa femme: il est assis dans un fauteuil, tenant un compas de la main droite. Gravé en 1800, d'après le tableau peint par Rembrandt en 1633, et qui se trouvait alors, à Amsterdam, dans le cabinet de M. Pierre de Smith. Trois épr., une à l'*eau-forte*, l'autre avant les hachures sur le papier où sont légèrement tracées plusieurs courbes; la troisième terminée.

Démonstration anatomique, faite à Amsterdam, en 1632, par le professeur Nicolas Tulp, en présence de Block, Hartmans, Halbraan, Jacques de Witt, Kalkoen, Koolweld et Fr. Van Laenen. Peint par Rembrandt en 1661. Le tableau original se trouve au théâtre anatomique d'Amsterdam: il a été gravé en 1798. Épr. *avant la lettre*.

Copie au trait et en petit d'une partie de la composition précédente avec les numéros de renvoi et les noms des huit personnages qui s'y trouvent.

Assemblée des syndics de la halle aux draps d'Amsterdam, en 1661; d'après le tableau de Rembrandt, qui se trouve à l'Hôtel-de-Ville d'Amsterdam. Deux épr.; l'une à l'*eau-forte*; l'autre *avant toute lettre*.

Le père et la mère de Gérard Dow: la femme, assise, fait une lecture à son mari, qui paraît l'écouter avec attention; d'après le tableau de Gérard Dow; gravé pour le Musée français. Épr. *avant toute lettre* et sur papier de la Chine.

Portrait de Gérard Dow, peint en buste par lui-même: il est presque de face, un peu tourné à gauche, enveloppé dans un manteau et une toque sur la tête. Deux épr.; dans la première, le col de la chemise est entièrement blanc; l'autre est terminée et *avant la lettre.*

Portrait de Brederode, tourné à gauche, légèrement gravé à l'eau forte, en 1801; d'après le dessin de D. Ballu.

Portrait de Tromp, de trois quarts, tourné vers la droite, légèrement gravé à l'eau-forte, en 1801; d'après Jean Lievens. Deux épr., dont une *avant toute lettre.*

Buste de Corneille Van Dalen, dessiné par lui-même. Il est vu de trois quarts, tourné à gauche; légèrement gravé à l'eau-forte, en 1801.

Portrait du pape Pie VII, de profil, tourné vers la droite, légèrement gravé à l'eau forte, d'après la figure qui est dans le tableau du sacre de Napoléon, par Jacques Louis David. Épr. *sur papier de la Chine.*

Un homme à mi-corps, tourné à gauche, et regardant à droite, comme s'il parlait à quelqu'un : il a sur la tête une toque avec une plume, peint par Drost, en 1654, gravé en 1796. Epr. *avant la lettre.*

Un vieillard à grande barbe, tourné à droite, assis, les deux mains appuyées sur les bras de son fauteuil : il a une grande robe bordée de fourrures, et une calotte sur la tête. Peint par Rembrandt, en 1637, gravé en 1801. Epreuve *avant la lettre.*

Un vieillard à grande barbe, tourné vers la droite : il est assis dans un fauteuil, les deux mains appuyées sur son bâton. Gravé en 1797, d'après P.-L. Konig. Deux épr., dont une à l'*eau-forte ;* le fond est blanc : l'autre épr. est *avant la lettre.*

Un vieillard à mi-corps, vu de face, avec une grande barbe et les mains jointes : il est couvert d'un manteau, et assis dans un fauteuil près d'une table qui occupe la gauche ; peint par Rembrandt en 1661 : gravé pour le Musée français. Deux épreuves, dont une *avant toute lettre.*

Buste d'un officier, vu de trois quarts, et tourné vers la gauche : il est coiffé d'une toque avec deux plumes. Dans le haut, à gauche, *Rembrandt pinx. J. de Frey fecit aquâ-forti,* 1795.

Buste d'un officier, vu de trois quarts, tourné vers la gauche : il est couvert d'une cuirasse et d'un manteau bordé de fourrure ; sa toque est ornée d'une plume. *Deux épr.* Dans la première, la cuirasse sur la poitrine est entièrement blanche. La seconde est terminée.

Un homme en buste, le corps tourné à gauche, et la tête de face. Il a sur la tête un bonnet avec une aigrette.

Un vieillard endormi, tourné à droite, la

tête appuyée sur sa main; légèrement gravé à l'eau-forte en 1801, d'après le dessin de J. Lievens. *Deux épreuves :* dans l'une le fond est sale; dans la seconde, le fond est nettoyé.

Une vieille femme, vue de face à mi-corps, et pelant une pomme; d'après le dessin de Rembrandt. Épreuve avant la lettre.

Un paysage avec une cascade sur le devant, et un grand arbre au milieu; peint par Rembrandt en 1639, et gravé en 1801. Épreuve *avant la lettre.*

HUBNER (BARTHÉLEMY), *né à Basle vers* 1770.

522. Portraits de Hans Holbein et de sa femme, d'après Holbein.—Portrait de Chrétien de Mechel, 1787.—Portrait en pied de Louis Pfyffer.

3 Pièces.

HALLER (Le Baron DE), *Berlin* 1720?

523. Portrait de Valentin Hauy, et deux autres études gravées à l'eau-forte en 1806.

PLONSKY (M.), *né à Amsterdam vers* 1780?

524. Suite d'études numérotées de 1 à 13, gravées de 1802 à 1805. — Un guerrier debout, appuyé sur sa hallebarde. — Un marchand de paniers, avec six têtes d'études et six autres sujets sur la même planche.

15 Pièces.

ÉCOLES FRANÇAISES.

BEATRICET (NICOLAS), *né probablement à Thionville vers* 1500.

525. La Cène, d'après Raphaël. — La statue de Marc-Aurèle, à cheval.

AUDROUET DU CERCEAU (JACQUES), *né à Orléans vers* 1520 ?

Cet artiste, bien connu comme architecte, puisque c'est lui qui a commencé à bâtir le Pont-Neuf et la partie de la galerie du Louvre qui touche aux Tuileries, a jusqu'à présent été oublié par tous les auteurs, qui ont parlé de l'art de la gravure; cependant il mérite une place distinguée, tant par la quantité d'eaux-fortes qu'il a gravées, que par le bon goût qui y règne.

526. Arabesques et panneaux d'ornements. 17 Pièces.

ORFÈVRES-GRAVEURS.

ARNOLD (J.). 1586.
VOVERT (Jean). 1602.
JACQUART (A.). 1619.
TOUTIN ( ). 1619.

527. Recueil de petits ornements gravés par ces maîtres, pour l'orfévrerie et la bijouterie. Ils se détachent en blanc sur des fond noirs, ce qui les a souvent fait prendre pour des *nielles*. 60 Pièces.

CALLOT (JEAN-JACQUES), *né à Nancy en* 1593.

528. Son œuvre, composé de 1574 pièces, est contenu dans trois

vol. in-folio, reliés en veau marbré. Il vient du cabinet de Antoine-Marie Zanetti, et il sera sans doute intéressant de voir ce que ce célèbre amateur écrivait à ce sujet à son ami Gaburri, dans une lettre qu'il lui adressât de Venise en date du 2 mars 1726, et qui se trouve rapportée dans *Raccolta di lettere pittoriche*, etc. T. II, p.

« Si jamais vous venez à honorer ce pays par votre présence, vous verrez dans mon petit cabinet un recueil d'estampes de Callot, tel qu'il n'y en a de semblable, ni dans la galerie du Roi de France, ni dans celle du Prince Eugène, où sont recueillies les épreuves les mieux choisies et les plus rares. Cet œuvre est en trois grands volumes grand in-folio. On y trouve toutes les estampes sans *aucune exception*, que cet auteur a gravées ou qui ont été gravées par d'autres d'après ses dessins. Beaucoup sont des premières épreuves avec des corrections de sa main au crayon rouge. J'ai acquis ce recueil à Paris et il me coûte 1950 francs. On dit, ce que je ne puis affirmer, que Callot l'avait formé lui-même pour un M. Gérard, amateur d'estampes et son ami, etc. etc. ».

L'expression dont s'est servi Zanetti est un peu hyperbolique, mais à l'époque où il écrivait, on ne possédait aucun catalogue de l'œuvre de Callot, pour s'assurer s'il était complet; du reste il est certain que les épreuves en sont très belles et qu'il serait impossible d'en former un semblable maintenant.

Il serait bien difficile de détailler toutes les pièces d'un œuvre aussi nombreux, mais j'ai cru intéressant de faire remarquer les principales suites qui le composent, ainsi que les estampes les plus rares qui s'y rencontrent.

Ier VOLUME.

La vie de la Vierge, en largeur, avec le titre: *Vita beatæ Mariæ virg. matris Dei. Emblemat. delineata.* 27 Pièces. Epr. avant les numéros.

La vie de la Vierge, en hauteur, avec le titre : *Vita et historia B. Mariæ virginis.* 14 Pièces.

Le Nouveau testament. 11 Pièces.

La Vie de l'Enfant prodigue, 1635. 11 Pièces.

La petite Passion. 12 Pièces. Ier état, où le nom de Callot ne se trouve pas sur le lavement des pieds.

La grand passion. 7 Pièces. Plusieurs épr. doubles avant les numéros ou avec d'autres différences.

La suite des Apôtres, avec le titre : *Salvatoris, Beatæ Virginis, Sanctorum Apostolorum Icones*, 1631. 16 Pièces.

Le martyre des Apôtres, avec le titre : *Martyrium Apostolorum.* 16 Pièces avant les numéros.

Miracles de l'Annonciade, sous le titre : *Scelta d'alcuni miracoli*, etc. 41 Pièces, première édition de l'année 1619.

Les Images de tous les saints et saintes de l'année. 1636. 490 Pièces.

Suite allégorique sur la vie religieuse, sous le titre : *Lux claustri.* 27 Pièces.

Figure d'un voyage à la Terre-Sainte, avec le titre : *Trattato delle piante*, etc., 1620. Suite complète en 39 planches, contenant 47 sujets.

Le massacre des Innocents ; les deux planches.

Le grand *Ecce homo*, d'après Stradan. Deux épr. avec différence.

Le Christ en croix, petite pièce *rare*. Deux épr. différentes.

Sainte Famille, dite le *Benedicite*, où saint Joseph fait boire l'enfant Jésus. 3 Épr. non terminée.

Le martyr de saint Sébastien. Deux épr. différentes.

Saint Nicolas prêchant dans un bois. Deux épreuves.

Saint Mansuette, évêque de Tours, ressuscitant un jeune homme. *Cette pièce est la première que Callot ait gravée à l'eau-forte.*

Le petit *Porte-Dieu*. Deux épr., dont une avant que la planche soit percée dans le haut. *Très rare.*

IIe Volume.

Les Fantaisies, 1635. 14 Pièces. Épr. sans numéro.

Les Modes. 12 Pièces.

Les exercices militaires. 13 Pièces.

Les grandes misères de la guerre, 1633. 18 Pièces.

Les petites misères de la guerre, 1636. 7 Pièces.

Les Caprices, avec le titre : *Capricie di varie*,

di Jacobo Callot. 50 Pièces. *Édition gravée à Florence.*

Les Caprices. Suite semblable, *gravée à Nancy.*

Varie figure, di Jacobo Callot. 17 Pièces. Huit épr. doubles *avant les fonds.*

La suite des gueux. 25 Pièces.

Le ballet de Stéphanie. 24 Pièces. Avant l'adresse de G. Valk.

Le combat à la barrière. 11 Pièces. Avant la retouche : la grande planche représentant l'entrée de Monseigneur Henri de Lorraine, est double.

La Tragédie de Soliman, 1620. 7 Pièces.

Diverses vues de Florence; paysages; marines; etc.

La petite Pandore, épr. *avant la foudre.*

Les joueurs de cartes, pièce dite *le Brelan.* Deux épreuves.

La bataille du roi *Tessi* et du roi *Tinta*, pièce dite l'*éventail.* L'original et deux copies.

Vues du Louvre et du Pont-Neuf. Deux épr. de chaque et une copie.

Autre vue du Pont-Neuf. Deux épr. différentes et une copie.

La petite Foire, dite *les joueurs de boules.* Deux épreuves.

Fête sous un berceau, dite *la petite treille.*

IIIe Volume.

Les douze Mois; d'après Josse de Montpré. *Très rare.*

Les Quatre Saisons; d'après Jacques Bassan. *Très rare.*

Les Monnaies d'or et d'argent de l'Europe, 1662. 10 planches.

La Vie de Marguerite, reine d'Espagne; d'après Antoine Tempesta. 25 Pièces, dont 7 seulement de Jacques Callot.

Les actions et les batailles des Médicis. 15 Pièces et neuf épr. doubles avec différences.

Le siége de la Rochelle, 16 morceaux, y compris explication, en 10 bandes, qui sont rares.

Le siége de l'île de Ré, 16 Pièces, y compris les 10 bandes, qui sont rares.

Le siége de Bréda, six feuilles, et deux feuilles de texte, coupées en plusieurs morceaux.

Les Géans foudroyés par Jupiter, ovale en largeur. *Rare.*

Le Parterre de Nancy. Épreuve où est écrit à la main le nom de *Claude Mariette*, 1691.

La Carrière, ou la rue neuve de Nancy, Épr. avant le nom de Silvestre.

La grande foire de la Madonne de *l'Imprunetta*, près de Florence.

La Tentation de Saint-Antoine, dédiée à M. de la Vrillière, 1636. Deux épr.

La grande Tentation de Saint-Antoine.

Louis XIII à cheval; les fonds seulement sont gravés par Callot.

Portrait de Come II, grand duc de Toscane.

Portrait de François de Médicis. *Très rare.*

Donatus Antellensis, dit *le Sénateur. Rare.*

Louis de Lorraine à cheval, épreuve et contre-épreuve.

Claude Dervet et son fils, 1632.

Thèse de François de Lorraine, grande pièce en 3 planches, 3 épreuves avant le nom de Silvestre; une est imprimée en rouge.

PIÈCES DÉTACHÉES DE CALLOT.

529. Tentation de Saint-Antoine. — Le Partèrre de Nancy. — L'Éventail. — Le Benedicite, etc.

14 Pièces.

PERIER (FRANÇOIS), *né à Mâcon en* 1590.

530. Deux Saintes Familles. — Dédale et Icare. — Quatre bas-reliefs antiques.

7 Pièces.

BREBIETTE (PIERRE), *né à Mantes vers* 1596.

531. Jugement dernier, grande composition en deux feuilles, peinte par Jacques Palme. — Martyr d'un saint, et guérison d'un malade; d'après Paul Veronèse. — Suite de dix-huit sujets saints. — Plusieurs frises imitées de l'antique. — Deux caricatures, etc.

47 Pièces.

LASNE (MICHEL), *né à Caen en* 1596.

532. Deux Saintes Familles et un Christ mort.

GUILLAIN (SIMON), *né à Paris en* 1599.

533. Suite de sujets saints, gravés à l'eau-forte, d'après Annibal Carrache.

9 Pièces.

GELÉE (CLAUDE) dit CLAUDE-LORRAIN, *né à Chamagne en* 1600.

534. Vue du Campo Vaccino; deux autres paysages et une marine.

4 Pièces.

MELLAN (CLAUDE), *né à Abbeville en* 1606.

535. Saint-Pierre Nolasque porté par des anges; *rare*; — Lucrèce se poignardant.

MORIN (JEAN), *né à Paris vers* 1612.

536. Une Sainte Famille et une sainte face, d'après Champagne. — Un paysage, d'après Corneille.

3 Pièces.

BOURDON (SÉBASTIEN), *né à Montpellier en* 1616.

537. Saintes Familles. — Fuites en Égypte. — Repos en Égypte. — Paysages de différentes suite ;gravés par Bourdon, d'après ses tableaux et ses dessins. — Quatre paysages, gravés par Prou, d'après Bourdon.

48 Pièces.

POTRE (Jean Le), *né à Paris en* 1617.

538. Frappement du rocher. — Sainte Famille. — Portrait de Tristan, marquis de Rostaing, en 1582, etc.

14 Pièces.

BRUN (Charles Le), *né à Paris en* 1618.

539. Un Satyre et une Bacchante endormis près d'un autel sur lequel est du feu. Gravé à l'eau-forte.

540. Dissertation sur un Traité de Charles Lebrun, concernant le rapport de la physionomie humaine avec celle des animaux. Paris, 1806. *Grand aigle, papier vélin*, 37 *planches, dos de mar. rouge.*

ERRARD (Charles), *peintre né à Paris vers* 1620?

541. Trois recueils de vases, trophées, ornements; plus, les figures, vignettes et fleurons qui ornent le Traité de la peinture de Léonard de Vinci, traduction française, imprimé à l'imprimerie royale en 1651. 1 *vol. in-fol. v. br.*

67 Pièces.

MILET (François) dit Francisque, *né à*

en 16

542. Suite de six paysages en largeur; deux autres, dont un en hauteur.

8 Pièces.

COCHIN (NICOLAS), *né à Troyes en* 1619.

543. Compositions diverses et paysages.
15 Pièces.

SILVESTRE et autres (ISRAEL), *né à Nancy en* 1621.

544. Vues, paysages et sujets divers.
10 Pièces.

PERELLE (GABRIEL), *né à Paris vers* 1622.

545. Différents paysages.
7 Pièces.

CLERC (SÉBASTIEN LE), *né à Metz en* 1637.

546. Entrée d'Alexandre. — La galerie des Gobelins. — Plafonds, etc.
7 Pièces.

EDELINCK (GÉRARD), *né à Anvers en* 1639, et JEAN, son frère.

547. Les Pères de l'Église; d'après Champaigne. — Portraits de Keller; Saint-Evremont; Gaspard Bartholin, Paul Tallemant et Nicolas Pinette.
8 Pièces.

GILLOT (CLAUDE), *né à Langres en* 1673.

548. Différentes compositions burlesques et allégoriques, et une petite bataille.
7 Pièces.

MONCORNET (JEAN-BAPT.), *né à Paris vers* 1680?

549. Recueil de fleurs, ornements et paysages.

25 Pièces.

AUBIN (AUGUSTIN DE ST.), *né à Paris en* 1736.

550. Jupiter et Léda; d'après Paul Véronèse. — Vénus Anadyomène; d'après Titien.— Plusieurs pierres-gravées des monuments inédits, publiés par A.-L. Millin.—Un bal et un concert.

14 Pièces.

551. Portraits de Louis XVI, Marie Antoinette et le dauphin, sur le même médaillon. Épreuve *avant la lettre.* —Madame, fille de Louis XVI, *avant la lettre.* — Necker; Frédéric II; Condorcet; Gessner; Dolomieu; la famille de Mr Renouard; etc.

11 Pièces.

552. Médailles spintriennes, faisant suite aux pierres-gravées du cabinet d'Orléans.

6 Pièces.

FOULQUIER (JOSEPH-FRANÇOIS), 1730?

553. Scènes familières et caricatures spirituellement gravées à l'eau-forte, d'après ses propres compositions ou celles de Loutherbourg.

9 Pièces.

FIQUET (ÉTIENNE), *né à Paris en* 1731.

554. Portraits de Montaigne; Pierre Corneille; Regnard; et Crébillon.

4 Pièces.

555. Portrait de La Fontaine, au bas, la fable du loup et de l'agneau.

556. Portraits de J.-B. Rousseau; La Mothe-Le Vayer; et J.-J. Rousseau.

3 Pièces.

CAMPION (CHARLES), *né à Aix vers* 1740.

557. Différents sujets, paysages, portraits, copies d'après Rembrandt, etc.

34 Pièces.

LAGRENÉE (JEAN-JACQ.), *né à Paris en* 1742.

558. Différents sujets à l'eau forte et au lavis; gravés la plupart d'après son invention, quelques-uns dans les années 1782 et 1784.

18 Pièces.

DE HEMANT (ST. FÉLIX), *né vers* 1750?

559. Suites de scènes familières, études d'animaux, etc.; gravées à l'eau forte et numérotées de 1 à 27.

Autre suite semblable, numérotée de 1 à 7.

En tout 34 Pièces.

PATU (A. J.) *né vers* 1750?

560. Différents sujets, portraits et scènes familières, d'après Raphaël, Wicart et autres.

29 Pièces.

BISEMONT (Le Comte DE), *né à Thionville en* 1752.

561. Différents sujets, paysages, études d'animaux, d'après Guerchin, Pynaker, Robert, etc.

20 Pièces.

GIRARDET (Abraham), *né à Neufchâtel en* 1764.

562. Apothéose d'Auguste, d'après le camée qui est à la Bibliothèque du Roi. *Épreuve avant la lettre.*

ANDRIEU (Bertrand), *né à Bordeaux en* 1760?

563. Figures de cartes à jouer. 12 Pièces.

Fragments pour différents billets de la caisse de commerce et autres. 10 Pièces.

Une tête d'Homère, dans un grand médaillon.

Vignettes et fleurons pour le Virgile, imprimé chez Didot, 13 Pièces.

Différentes vignettes et fleurons. 18 Pièces. En tout 53 Pièces. *Rares.*

NITOT-DUFRESNE (Michel), *né Chézi-L'Abbaye en* 1759.

564. Pierres gravées, médailles, etc., gravées à l'eau forte.

8 Pièces.

DUPLESSIS BERTAUX (J.) 1760?

565. La Vie de l'enfant prodigue. — Les Arts et Métiers. — Costumes militaires. — Sujets variés pour différents almanachs. — Portraits; plusieurs épr. à l'eau forte, et terminées, etc.

72 Pièces.

CLAUSSIN (Ignace-Joseph de), *né à Lunéville en* 1770.

566. Copies des chevaux de Paul Potter, 6 Pièces. — Copies des vaches, 8 Pièces. — Diverses copies d'après Rembrandt. — Quelques études.

En tout 39 Pièces.

FRAGONARD ( ) *né à Paris vers* 1774

567. Recueil de 132 sujets, composés et gravés par Fragonard fils. Un vol. *in-fol. oblong, dos de basane*, 48 *planches*.

PEYRON (P.) *né à Paris vers* 1775.

568. Différents sujets, d'après Poussin, et ses propres compositions.

5 Pièces.

RIBAULT (J. F.) 1778 ?

569. Quatre figures d'après les dessins d'Isabey, pour le sacre; Napoléon et Joséphine en petit habit, le grand juge et un ministre. *Épr. sur papier de la Chine.*

LEROUGE ( ) *Paris?* 1780?

570. Différents sujets à l'eau-forte, pour le Musée royal, le Musée Laurent, etc.

11 Pièces.

PETIT (LOUIS-JACQUES), *né à Paris en* 1760?

571. Eaux-fortes de différentes planches faisant partie du Musée Filhol, et autres collections.

7 Pièces.

ZIX (BENJAMIN), *né à Strasbourg vers* 1790 ?

572. Scènes militaires, etc. 5 Pièces.

EAUX-FORTES,

PAR DIVERS ARTISTES ET AMATEURS.

La plupart de ces pièces n'ayant jamais été dans le commerce sont *très rares*.

573. Sujets variés, Études, Paysages, par TREMOLLIÈRES (Pierre-Charl.), 1703. 2 pièces

VIEN (Joseph-Marie), 1716. 1 pièce.
PIERRE (Jean-Baptiste-Marie), 1720. 1 pièce.
BELLANGER ( ), 1725. 1 pièce.
FRATREL (Joseph), 1730. 4 pièces.
ROBBERT (Hubert), 1733. 1 pièce.
TANCHE (Nicolas), 1740. 6 pièces.
TARAVAL (Hugues), 1728. 1 pièce.
GÉRARD (Mademoiselle), 1760. 2 pièces.
GONOD ( ), 1775. 6 pièces.

En tout 24 Pièces.

574. Sujets variés. Études, Paysages, etc., par
GOIS (EDME-ÉTIENNE), 1770. 6 pièces.
BEAUVALLET (P.-N.), 7 pièces.
BIDAULT (J.-P.-X.), 1 pièce.
BERGERET ( ), 6 pièces.
GONOD ( ), 1775. 7 pièces.
ZIX (Benjamin), 1790. 5 pièces.
GUÉRIN (Chrétien), 1757. 5 pièces.
FORBIN (le comte DE), 1775. 1 pièce.

En tout 38 Pièces.

575. Sujets divers, Études, Paysages, etc., par
CHARLOTTE D'AUTRICHE, 1767. 3 pièces.
POMPADOUR (Madame DE), 1751. 1 pièce.
WATELET (Claude-Henri), 1718. 3 pièces.
LA LIVE DE JULY (Ange-Laur DE), 1725. 1 p.
SAINT NON (RICHARD, abbé de), 1730. 10 pièc.
ARMANO ( ), 2 pièces.
OLIVIER (M.-Barthelemy), 7 pièces.
BENOIT D'AVIGNON ( ), 1 pièce.

Curti ( ), 6 pièces.

Agincourt (Seroux d'), 1782. 10 pièces.

Le Gros ( ), 13 pièces.

Paroy (le comte de), 1794. 5 pièces.

Pajot (G.), 1788. 1 pièce.

Aubourg ( ), 5 pièces.

Cazin (J.-B.), 1805. 1 pièce.

Leleu ( ), 1804. 1 pièce.

Varennes (E. de), 1 pièce.

Goya (F.), 2 pièces.

Anonymes. 5 pièces.

En tout 78 Pièces.

576. Différents sujets, par Boulongne, Vuibert, La Hyre, Hallé, d'André Bardon, Chapron, Corneille, Eïsen, La Rue, Lafage, Parrocel, Saly, Subleyras.

85 Pièces.

ÉCOLE ANGLAISE.

POND (Arthur), *né en* 1700.

577. Recueil de gravures à l'eau-forte et au lavis, publiées en 1734 et 1735; d'après les dessins de Mantegna, Parmesan, Raphaël, Les Carraches, Polidore de Caravage, Rembrandt, Claude Lorrain, etc.

32 Pièces.

EARLOM (Richard), *né à Londres vers* 1728.

578. Collection de pièces d'après les dessins de J.B. Cipriani, gravé par Richard Earlom. *Londres* (1789). *in-folio*, et le portrait de Cipriani.

50 Pièces.

FALCONET (Pierre), Londres, 1740?

579. Quinze portraits de profil et en médaillons, publiés en 1768 et 1769, savoir: le duc de Northumberland, Horace Walpole, le comte d'Harcourt, West, Reynolds, Cotes, Stubbs, Hayman, Sandby, Humphry et Mayer, peintres; Payne et Chambers, architectes; Wynne-Ryland, graveur; Kirby, professeur de perspective.

GUTTENBRUNN (L), 1760?

580. Les Apôtres au tombeau de la Vierge, gravé à l'eau-forte en 1792; d'après le tableau de Raphaël, à Pérouse.

Huit portraits de femmes, gravés à l'eau-forte, en 1794.

9 Pièces.

SCHADOS (G.), 1770 ?

581. Neuf figures de danseurs et danseuses, gravées au trait.

COTMAN (JEAN-SELL), 1780 ?

582. Recueil de douze gravures avec un titre et une dédicace; le tout gravé à l'eau-forte, en 1811, et représentant d'anciens monuments ruinés.

Dix autres pièces de même nature, gravées en 1810 et 1811.

En tout 24 Pièces.

COSWAY (MARIE), Londres, 1760 ?

583. La mort d'Hippolyte; d'après Rubens.

Différentes études gravées à l'eau forte, en 1784; d'après Richard Cosway, son mari.

13 Pièces.

HARVEY (GUILLAUME), *né à Newcastle vers* 1795.

584. Recueil de vignettes, lettres grises et fleurons, gravées en bois, pour un poëme sur le vin. *Très jolies épreuves.*

TURNER (M.

585. Trois figures, d'après des tableaux de Teniers.

Études de divers monuments d'architecture de différents comtés de l'Angleterre.

Plusieurs portraits, dont ceux de Téniers, Banks; Edwards, etc.

42 Pièces.

TURNER (Mistriss D.

586. Plusieurs portraits gravés à l'eau-forte, parmi lesquels on remarque ceux de Delille, Johnson, Mme de Staël, mistriss Sidons, B.-R. Warde, Burney, Canova, et M. Denon.

Plusieurs études d'anciens monuments d'architecture.

39 Pièces.

TURNER (E.).

587. Plusieurs Vues d'anciens monuments, gravés à l'eau-forte, parmi lesquels on remarque le château de Glames en Ecosse, habité par Macbeth; celui de Belwr; la cathédrale de Petersborough; l'abbaye de Melrose; une vue de l'Eglise de Saint-Ouen de Rouen, etc.

19 Pièces.

588. Eaux-fortes doubles des trois numéros précédents.

13 Pièces.

FORD (RICHARD), amateur, *né à Londres vers* 1800?

589. Une suite de 18 *fac-simile;* gravés par lui en 1823 et 1824; d'après les gravures à l'eau-forte de François Mazzuoli, dit Parmesan, et André Meldolla. *Épr. sur papier de la Chine.* Exemplaire donné par l'auteur à M. Denon.

PORTRAITS.

590. Iconographie grecque, par E.-Q. Visconti. *Paris,* 1808, 3 vol. très grand in-fol. dos de mar. rouge. 57 Planches.

Iconographie romaine, par le même. *Paris,* 1817, un vol. tr. gr. in-fol. dos de mar. 15, Planches.

591. Planches de l'iconographie grecque et romaine, par Visconti. *Épr. avant la lettre.* Il s'en trouve plusieurs feuilles fortement mouillées. 77 Pièces.

592. Galerie des peintres, par Chabert. *Paris,* 1822, in-fol. pap. vélin. Liv. 1 à 9.

598. Croquis de portraits de personnages remarquables dans tous les genres, dessinés et gravés par S.-M.-N. Fremy. Paris, 1815. 2 vol. in-12, pap. vél. cart.

594. Quarante portraits, par Aldegraver, Goltzius, Delff, Sadeler, Hollar, etc. dont ceux de Henri-Mathieu, comte de la Tour. *Très belle épr.* Albert Durer, Aldegraver, Saint-Aman, B. Spranger, Rembrandt, Safteleven, Poussin, Pascal, etc.

595. Trente portraits, dont Ninon de l'Enclos, gravée par Mme de Breon; ceux de Rembrandt, Poussin, Michel Molinos, Marat, Michel Wutki, M.-A. Bourdon, préfet de Gênes, et M. Gevaudan, etc.

596. Huit portraits de Napoléon, en pied et en buste par Corto, Massimiliano, Canova, Locatelli, Laguiche, etc.

597. Neuf portraits, savoir : Canova, Dufourny, Balzac, *avant et avec la lettre*; M. de Sommariva, par Bettelini; Volney, par Tardieu; l'abbé de l'Épée, par Aubert ; Cacault, par Coutance; et Joseph Bonaparte, par Morghen.

598. La princesse Charlotte à mi-corps, d'après sir Thomas Lawrence, par Richard Golding. Belle épreuve.

599. Douze portraits anglais, dont Catherine Parr, par Edwards. *Épr. avant la lettre et sur papier de la Chine*. Le Prince de Galle (George IV) et sa femme; Richard Cosway, par Picart; Jacques Forbes et sa femme, etc.

600. Six portraits, savoir : Mathieu Wood, Lord maire, en 1816; par Gu. Say; Jacques Heath, par J.-R. Smith; Yusouf-Agnia-Effendi, ambassadeur de la Porte, près de la cour de Londres, son secrétaire et son drogman, gravés par Schiavonetti; Eubun-Sang-Lum-Akao, né à Macao, et qui se trouvait à Londres en 1794.

601. Portrait en pied de Washington, gravé par Charles Heath, d'après G. Stuart. *Épreuve avec la lettre tracée*.

602. Sept portraits, dont ceux de Catherine II et du prince Potemkin, gravés par G. Walker;

Alexandre I, dans un médaillon historié. Canova à mi-corps, gravé par Benedetti.

603. Trente-six portraits, dont Catherine II et Potemkin, par Walker; Lekain, gravé par St Aubin; Ducis, Napoléon, Marie Louise, Walpole, Canova, Dubois, Denon, etc.

OBJETS DIVERS.

604. Estampes anciennes ou modernes; par différents maîtres. Environ 200 Pièces. Cet article sera divisé.

605. Huit vues de Schœnbrun. — Huit vues de Laxenbourg. — Dix autres vues de Presbourg, Bude, Belgrade, etc.
En tout 26 Pièces coloriées.

606. Plans, vues, détails et autres objets topographiques de divers pays. Environ 150 Pièces. Cet article sera divisé.

607. Porte-feuilles et livres blancs.

608. Différents objets non décrits.

LIVRES.

Galeries, Musées, etc.

609. Le Musée français, publié par Robillard-Péronville et Laurent. Paris, 1803. 4 vol., grand aigle, pap. vél., *avant la lettre*, cart., dos de mar. vert. *Il y a 4 feuilles légèrement mouillées à la marge.*

Le Musée Napoléon, publié par Henri Laurent. Paris, 1812. Grand aigle, livr. 1 à 9, *avant la lettre.*

610. Les Monuments antiques du Musée Napoléon, gravés par Thomas Piroli, avec une explication, par J.-G. Schweighaeuser, publiés par F. et P. Piranesi. 1804 à 1806. In-4° broch. *Manque la seizième livr.*

611. Annales du Musée et de l'École moderne des beaux-arts, etc., rédigé par Landon. Paris, 1800. In-8°, veau, filets. Les tomes 1 à 15.

612. Musée des Monuments français, etc., par Alexandre Lenoir. Paris, 1800. 5 vol. in-8°, pap. vél. cart.

613. Recueil d'Estampes gravées d'après les tableaux du cabinet de monseigneur le duc de Choiseul, par les soins du sieur Basan. 1771. In-4°, 137 planches, y compris le portrait du

duc, le titre et la table. 1 vol. in-4°, veau écaille. *Plusieurs des planches sont collées sur une fausse marge.*

614. Collection de 120 Estampes gravées d'après les tableaux et dessins du cabinet de M. Poullain. Paris, 1781. In-4°, veau écaille.

615. Catalogue des tableaux, dessins et estampes composant l'une des collections de feu M. Léon Dufourny, etc., par H. Delaroche. 1819. In-4°, pap. vél., br. avec 164 pl. gravées au trait.

616. Loges de Raphaël, publiées par Volpato. 1782. Grand aigle, dos de basane; trois parties, savoir :

La première ayant pour frontispice une vue générale de la galerie, dans le haut de laquelle est un médaillon avec le portrait de Raphaël, au bas est écrit : *Loggie di Rafaele nel Vaticano.*

Cette partie contient une vue générale et un plan de la galerie en 3 planches, les 2 portes de la galerie cottés A et B; et les arabesques de 14 travées en 2 planches chacune.

Deuxième partie ayant pour titre : *Seconda porta delle Loggie di Rafaele nel Vaticano, che contiene* XIII *volte et iloro respettivi quadri publicata in Roma l'anno* MDCCLXXVI.

Cette partie contient les 13 voûtes chacune en 2 feuilles,

Troisième partie, portant pour titre : *Terza ed ultima arte delle Loggie di Rafaele, nel Vaticano*, che contiene il compimento degli *ornati*, e de' bassi-rielievi antichi esistenti nelle Loggie medesime. Publicata a Roma l'anno MDCCLXXVII.

Cette partie contient les 12 embrasements, en 2 feuilles chacun.

617. La galerie de Florence, gravée d'après les dessins de Wicar. Paris, 1789. Grand in-folio. livr. 1 à 18, 1 vol. relié en veau. Les autres en feuilles.

618. Galerie Giustiniani, ou Catalogue figuré des tableaux de cette célèbre galerie, etc., rédigé par C.-P. Landon. Paris, 1812. In-8o, pap. vél. cart., 72 pl.

619. Sculture del palazzo della villa Borghese, detta Pinciana. Roma, 1796. 2 vol. in-8o cart.

Monumenti gabini della villa Pinciana, descritti da Ennio-Quirino Visconti. Roma, 1797. In-8o, cart.

620. Istoria pratica dell' incommiciamento e progressi della pittura, ossia raccolta di cinquants stampe, estratte da ugual numero di disegni originali esistenti nella Real galleria di Firenze, etc., incise da Stefano Mulinari. Firenze, 1778. In-fol., cart.

621. Saggio di disegni della rinomata raccolta

presso il sig. Ab. don Carlo Bianconi, etc. Bologna; gr. in-fol. 13 planches.

622. Theatrum artis pictoriæ, quo tabulæ depictæ, quæ in cesarea Vindobonensi pinacotheca servantur, leviore cœlatura æri insculptæ exhibentur ab Antonio Josepho de Prenner. Viennæ, 1728. 1 vol. in-fol. veau. 164, pl. *Rare.*

Ces planches sont entourées d'un passe-partout qui est le même pour toutes. Quelques-unes des estampes ont été recollées par-dessus d'autres.

623. La Galerie électorale de Dusseldorff, ou Catalogue raisonné, etc., par Nicolas de Pigage, avec 30 pl. gr. par Chretien de Mechel. Bâle, 1778. In-fol. obl., 2 vol. cart.

624. Recueil de Dessins gravés d'après les plus fameux maîtres, tirés de la collection de l'Académie électorale palatine des beaux arts, à Dusseldorff, deuxième suite, contenant 50 dessins. 1781. In-fol.

625. Galerie de l'hermitage, gravée au trait d'après les plus beaux tableaux qui la composent, avec la description historique, par Camille de Genève, publiée par Labensky. Pétersbourg, 1805. In-4°, pap. vél., relié en veau dor. s. tr. 45 pl.

Recueils divers.

626. Œuvres de Jean Holbein, etc., par Chré-

tien de Mechel. Bâle, 1780, tr. gr. in-4°. 37 pl. — Galerie des illustres Germains, par de Klein. 24 pl. — Six portraits et paysages par divers. 1 vol. dos de veau.

627. Vies et OEuvres des peintres les plus célèbres de toutes les écoles, etc., publié par C.-P. Landon. 8 vol. in-4°, cart. à la Bradel, savoir : — Raphaël, t. I, II, III et V. — Dominiquain, t. I, II et III. — Poussin, t. I.

628. Recueil d'Estampes, contenant l'histoire de Frédéric II, roi de Prusse. 24 pl. — Vues de Berlin. 24 pl. — Diverses vues de Berlin, etc. 14 pl. 1 vol. in-fol., obl., dos de veau.

629. Recueil d'Estampes contenant des costumes, publiés par Michel Colyn. Autres, par Josse de Bosscher. — Emblèmes diverses, par Ad. Collert. — Voyage de Jean Hugon, publié à la Haye, en 1599. — Les chasses, d'après Stradan, par Phil. Galle. — Les Arts et Métiers, d'après Stradan. 274 pièces, un vol. gr. in-fol. relié en veau.

630. Collection des Têtes du célèbre tableau de la Cène, par Léonard de Vinci, peint à fresque sur le mur du réfectoire de Sainte-Marie des Grâces à Milan, calquée et dessinée sur le tableau original, par Dutertre, etc. Paris, 1718. pap. vél. cart.

Del Cenaclo di Leonardo da Vinci, libri quatro di Giuseppe Bossi, pittore. Milano, 1810. Tr. gr., in-4o br.

Le Cénacle de Léonard de Vinci, etc., par l'abbé A. Guillon. Milan, 1811. In-8o.

631. Le Imagini delle donne auguste intagliate in istampa di rame, etc., di Enea Vico. Venegia, 1557. In-4o. *Le premier vol. seulement.*

Sculpture,
Pierres gravées, Médailles.

632. Storia della scultura dal suo risorgimento in Italia sino al secolo di Napoleone, per servire di continuazione alle opere di Winckelmann e di d'Agincourt. Venezia, 1813. 3 vol. in-fol. 190 pl. gr. au trait.

633. Icones et Segmenta, illustrium e marmore, etc. A Francisco Perrier. Romæ, 1645. In-fol. obl. veau. 50 pl.

634. A Description of the collection of ancient marbles in the british Museum (by Taylor-Combe), with engravings. London, 1812. Gr. in-4o, pap. vél. cart. 3 part. 77 pl.

A Description of the collection of ancient terra cottas in the british Museum (Taylor-Combe), with engravings. London, 1810. Gr. In-4o, pap. vél. cart. 40 pl.

635. Recueil de fragments de sculpture antique, en terre cuite. Paris, 1814. In-4°, pap. vél. br. 27 pl.

636. Columna Antoniniana. Marci Aurelii Antonini Augusti, rebus gestis insignis Germanis simul, et Sarmatis, etc. A Petro Sancti Bartolo, ære incisa, et cum notis Io. Petri Bellori. Romæ, 80 planches in-fol., pliées à onglet. 1 vol. gr. gr. in-4°, veau brun.

637. La Colonne de la place Vendôme, contenant les détails des bas-reliefs qui décorent cette colonne, etc., gravée par Baltard, en 145 pl. Paris, 1810. 1 vol., pap. vél., grand aigle, magnifiquement relié en mar. vert. dent., doublé de moire, dor. sur tr.

Cet ouvrage n'a jamais été publié; il n'en existe dans le commerce qu'un très petit nombre d'exemplaires (7 ou 8), qui ont été donnés à quelques personnes.

L'édition entière se trouvait encore avec les planches à la calcographie du Musée en 1814; il est à présumer qu'elle a été anéantie.

638. Tombeau de François Ier, dessiné et gravé par E.-F. Imbard. Paris, 1812. Gr. in-fol. 12 planches.

639. Opere di scultura e di plastica di Antonio Canova, descritte da Isabella Albrizzi, nata Teotochi. Firenze, 1809. In-fol. pap. vél. cart. *Rare*.

640. Le même, in-4°. Firenze, 1809. Pap. vél. br.

641. The Iliad of Homer, engraved by Thomas Piroli, from the compositions of John Flaxman, sculptor. Rome, 1793. 24 pl. *Édition originale.* — Compositions d'après les tragédies d'Eschyle, dessinées par John Flaxman, sculpteur anglais. Paris, chez Nitot-Dufresne.—Sujets de l'Odyssée d'Homère, gravés d'après les dessins et compositions de John Flaxman, sculpteur anglais. Paris, 1803. (Gravé par Nitot-Dufresne.) 28 pl. — L'Iliade d'Homère, gravée d'après les compositions de John Flaxman, sculpteur anglais. (Gravé par Nitot-Dufresne.) 34 pl. 1 vol. in-fol. obl., dos de veau.

642. Choix des pierres gravées du cabinet impérial (de Vienne), décrites par Eckhel. Vienne, 1788. Mar. r. dor. sur tr. 40 pl.

643. Le Gemme antiche di Anton-Maria Zanetti di Girolamo, illustrate colle annotazioni latine di Antonio-Francesco Gori, volgarizzate da Girolamo-Francesco Zanetti di Alessandro. Venezia, 1750. In-fol. 80 pl. *Plusieurs feuilles mouillées.*

644. Description des principales pierres gravées du cabinet de S. A. S. monseigneur le duc d'Orléans, etc., par l'abbé de la Chau, et l'abbé Le Blond. Paris, 1780. 2 vol. petit in-fol. dor. sur tr. Veau.

645. Description de médailles antiques grecques et romaines, avec leur degré de rareté et leur estimation, etc., par T.-E. Mionnet. Paris, 1806. In-8°, dos de veau, vol. 1 à 6. 1 volume de planches et 1 vol. de suppl.

646. Kuzgefante Anfangs grunde zur alten Numismatik, zusammengetragen von Joseph Eckel. Wien, 1807. In-8°, dos de veau.

Antiquités.

647. Plates illustrative of the researches and operations of G. Belzoni in Egypt and Nubia. London, 1820. Gr. in-fol., pap. vel. 44 planches gravées et coloriées; plus, 6 planches lithographiées et coloriées, publiées en 1822, pour faire suite à cet ouvrages.

648. Recueil de divers Monuments égyptiens, parmi lesquels on remarque le sarcophage pris dans la mosquée de Saint-Athanase, à Alexandrie, où avait été déposé, dit-on, le corps d'Alexandre-le-Grand, dessiné par W. Alexander, et gravé à l'aqua-tinta par T. Medland. 1 vol. in-fol. obl. dos de veau. 21 pièces.

649. Essai sur les hiéroglyphes, ou nouvelles lettres à ce sujet, avec figures. Weimar, 1804. In-4°.

650. Les ruines de Balbec, ou Héliopolis, par Robert Wood. Londres, 1757. In-fol. v. 46 pl.

651. Ruins of the palace of the Emperor Dioclettian at Spalatro in Dalmatia, by R. Adam, 1764. Gr. in-fol., dos de basane. 61 pl.

652. Les Antiquités d'Athènes, mesurées et dessinées par J. Stuart et N. Revett; traduit de l'anglais, par L.-F. F. (Feuillet) publié par C.-P. Landon. Paris, 1808. In-fol., dos de v. Tom. I et II. 85 pl.

Le troisième volume est publié, et il est facile de se le procurer.

653. The unedited antiquities of Attica. London, 1817. In-fol., pap. vél. cart.

654. Antiquités de la Nubie, ou Monuments inédits des bords du Nil, etc.; par F.-C. Gau de Cologne. Gr. aigle, 11 livr.

655. Les ruines de Pompéï, dessinées et mesurées par François Mazois, pendant les années 1809, 1810 et 1811. Colombier, 13 livr.

656. Description du théâtre de Marcellus à Rome, rétabli, etc., par A.-L.-T. Vaudoyer. Paris, 1812. In-4o. br.

657. Verona illustrata, etc. Verona, 1752. In-fol. mar. rouge, doré sur tr.

658. Verona illustrata da Maffei. Verona, 1732. 4 vol. in-8°, vél. blanc.

Compendio della Verona illustrata, etc. Verona, 1795. 2 vol. in-8° cart.

659. Museum Schoeflini. Tomus prior, Lapides, Marmora, Vasa. Argentorati, 1773. In-4°, cart. dor. sur tr.

660. Alticchiero. Par madame J. W. C. D. A. (Anglaise). Padoue, 1787. In-4°. 29 pl.

Ce recueil contient la description et la figure des monuments rassemblés dans la campagne du sénateur Angelo Quirini.

561. L'Italia avanti il dominio dei Romani (da Giuseppe Micali). Firenze, 1810. 4 vol. in-8°, et un Atlas in-fol. ayant pour titre :

Antichi Monumenti, per servire all' opera intitolata l'Italia avanti il dominio dei Romani. Firenze, 1800. In-fol. pap. vél. br.

662. Monuments antiques inédits ou nouvellement expliqués, etc, par A.-L. Millin. 2 vol. in-4°. *Manque la quatrième livraison du tom.* 2.

663. Antiquités gauloises et romaines, recueillies dans les jardins du palais du sénat. etc., par C.-M. Grivaud. Paris, 1807. In-4° br. 1 vol. de texte et 1 Atlas de 26 pl.

Recueil de monuments antiques, la plupart inédits et découverts dans l'ancienne

Gaule, etc., par Grivaud de la Vincelle. Paris, 1817. In-4°, 1 vol. de texte.

664. Recueil d'ornements exactement copiés d'après des marbres antiques, par P. V. (Pierre la Vega). In-4° obl. 40 pl.

665. Vestigia delle terme di Tito e loro interne pitture, grav. par Carloni. Grand aigle. 60 pl. *En feuilles et mouillé.*

666. Description d'un pavé en mosaïque découvert à Italica, aujourd'hui Santiponce, près de Séville, par Alexandre Laborde. Paris, 1802. Grand aigle, pap. vél. fig. coloriées. dos de basane. 29 pl., compris titre, vignette cul-de-lampe.

667. Peintures de vases antiques, vulgairement appelés étrusques, tirées de différentes collections, et gravées par A. Clener, accompagnées d'explications, par A.-L. Millin, publiées par M. Dubois Maisonneuve. Paris. 1808. 2 vol. gr. in-fol. cart. pap. vél.

668. Monument de Yu, ou la plus ancienne inscription de la Chine, etc., par Joseph Hager. Paris, 1802. In-fol., pap. vél. rel. en v. fil.

Architecture.

669. Recueil et parallèle des édifices de tous genres, anciens et modernes, etc., par J.-N.-L. Durand. 90 pl. gr. au trait. Paris, an IX, cart.

670. Essai sur l'histoire générale de l'architecture, par J.-G. Legrand, pour servir de texte explicatif au parallèle des édifices de tous genres, par J.-N.-L. Durand. Paris, 1806. In-8o br.

Collection des chefs-d'œuvre de l'architecture des différents peuples, exécutés en modèles sous la direction de Cassas, etc., décrite par Legrand. Paris, 1806. In-8o br., pap. vél.

671. Précis des leçons d'architecture données à l'École royale Polytechnique, par J.-N.-L. Durand, etc. Paris, 1817. 2 vol. in-4°. 64 pl.

672. Du génie de l'architecture, par J.-A. Coussin, architecte. Paris, 1822. In-4°, avec 60 pl. gr. au trait.

673. Choix des projets d'édifices publics et particuliers, composés par des élèves de l'École Polytechnique, etc. Paris, 1816. In-folio, 5 cahier.

674. Paris et ses monuments, mesurés, dessinés et gravés, par Baltard, architecte. Paris, 1803. Grand aigle, pap. vél.

Ire partie contenant le Louvre, cart., IIe partie, contenant Ecouen. cart. Plus, les livraisons 19 à 23, contenant Saint-Cloud et Fontainebleau. Les dernières livr. sont mouillées.

675. Mémoire sur la réunion du palais impérial des Tuileries et du Louvre, etc., par Baltard, architecte. Paris, 1811. Grand aigle, cart.

676. Plans du palais de la Bourse de Paris et du cimetière Mont-Louis, en 6 planches, par Al.-Th. Brongniart. Paris, 1814. Cart.

677. Choix des plus célèbres maisons de plaisance de Rome et de ses environs, mesurées et dessinées par Charles Percier et P.-F.-L. Fontaine. Paris, 1809. 75 pl., grand in-fol. pap. vél. cartonné.

678. Recueil des décorations exécutées à Notre-Dame de Paris, pour la cérémonie du 11 décembre 1804, et au Champ-de-Mars le 5 décembre, d'après les dessins de Ch. Percier et P.-F.-L. Fontaine. 12 pl. gr. au trait, gr. aigle, cart. *Mouillé.*

679. Palais des États, et sa nouvelle salle à Cassel, par Grandjean de Montigny. Cassel, 1810. gr. in-fol. 10 pl.

680. Description historique de la basilique de Superga, près de Turin, etc., par Modeste Paroletti. Turin, 1808. In-fol., pap. vél. cart. 9 planches.

681. La metropolitana Florentina illustrata. Firenze, 1820. In-4°, pap. vél. br. 38 planches gr. au trait.

682. Schloss Marienburg in Prussen, von Friedrich Frick. Berlin, 1803. Grand aigle, dos de v. 3 *feuilles du texte légèrement mouillées.*

683. Kaiser Friedrichs, Barbarossa Palast in der

Burg zu Gelnhausen, etc., von Bernhard Hundeshagen. 1819. In-fol. br. 12 planches gr. au tr.

Histoire naturelle.

684. Histoire naturelle des oiseaux de paradis, etc., par Fr. Levaillant. Paris. 1806. Gr. In-fol., pap. vél., dos de mar. Exempl. avec doubles figures en noir avant la lettre, et en couleur. 56 pl. *Le tome premier seulement.*

685. Ichtiolythologie, de Verone, du Musée Borziano, annexé à celui du comte Jean-Baptiste Gazola, et des autres cabinets de fossiles de Vérone, avec une explication en latin. Vérone, 1796. Grand in-fol., dos de basane. 76 planches.

686. Description des plantes nouvelles et peu connues, cultivées dans le jardin de J.-M. Cels, par E.-F. Ventenat. Paris an VIII. Gr. in-fol., mouton rouge, dor. sur tr. Les figures sont gravées au burin, d'après les dessins de Redouté. 100 pl.

687. Les Liliacées, par P.-J. Redouté. Paris, 1802. Gr. in-fol., vél. fig. coloriées. 8 vol. Les 5 premiers cart.; les 3 autres en feuilles. *Manque la livr.* 65.

688. Choix de plantes, dont la plupart sont cultivées dans le jardin de Cels, par E.-F. Ven-

tenat. Paris, 1803. In-fol. 10 livraisons. 60 pl. Les figures dessinées par Redouté et Bessa.

689. Jardin de la Malmaison, par E.-F. Ventenat. Paris, 1803. Gr. in-fol. 2 vol. carton. à la Bradel. Les fig. par Redouté; doubles, coloriées, et en noir avant la lettre. Ces dernières sont un peu courtes.

690. Anatomie du gladiateur combattant, etc., par Jean-Galbert Salvage. Paris, 1812. Gr. in-fol., cart. 22 pl. et les contre-épreuves.

691. Planches anatomiques du corps humain, etc., par F. Antomarchi, publiées par le comte de Lasteyrie. 12 livraison, très grand format.

692. Éléments d'anatomie à l'usage des peintre, etc., par M. Sue, première partie. Paris, 1787. Gr. in-4o, dos de bas.

693. Elements of anatomy designed for the use of students in the arts, by James Birch Sharpe. London, 1818. In-8o pap. vél., reliure anglaise en peau de truie dent., dor. sur tr. Exempl. donné par l'auteur.

694. Traité anatomique de la chenille qui ronge le bois de saule, par Pierre Lyonet. La Haye, 1760. In-4o, veau. 18 pl. grav. par l'auteur.

695. Observations sur la fièvre jaune, faites à Cadix en 1819, par MM. Parizet et Mazet, etc. Paris, 1820. Gr. in-4o cart. 5. pl. lithographiées et coloriées.

Costumes.

696. Choix de costumes civils et militaires des peuples de l'antiquité, etc., par N.-X. Willemin. Paris, 1798. 2 vol. in-fol., dos de veau. 180 planches.

697 Recueil des costumes français, etc., par J. Beaunier et L. Rhatier. Paris, 1810. 2 vol. in-fol. pap. vél., dos de mar. r. dor. s. tr. 210 planches.

698. Monuments français inédits, etc., par N.-X. Willemin. In-fol. livr. 1 à 39, en feuilles.

699. Uniformes de l'armée de Wurtemberg, gr. au lavis, et color. 10 pièces.

Collection de costumes militaires de l'empire d'Autriche, gravés à l'aqua-tinta et color. 48 pl. Plus, 6 dessins de costumes militaires français. In-fol.

700. Collection complète de voitures dont les Russes se servent, etc., par M.-F. Damame-Démartrait, grav. au lavis, par Ph. Debucour. Paris, 1806. Gr. aigle, dos de mar. r. 8 pl. *Exempl. avant la lettre remplie.*

701. La Russie ouverte, ou Collection complète des habillements de toutes les nations qui se trouvent dans l'empire de Russie. 1774. Petit in-fol. 45 pl. color.

702. Costumes de l'empire turc, avec des vues de Constantinople, etc., prises de 1817 à 1820, lithographiés par C. Fauconnier et P. Lecomte; exempl. color. 61 pl. Paris, 1821. In-4° br.

703. Costumes de la Chine, en 60 gravures, avec des explications, par G.-H. Mason. Londres, 1800. Gr. in-4°, pap. vél., exempl. color., rel. en cuir de Russie. Les dessins ont été faits à Canton, par Pu-Zua, et les gravures sont faites à Londres, par Dadley.

704. Les costumes de la Chine, en 48 planches gravées par W. Alexander. Londres, 1805. Gr. in-4°., pap. vél., rel. en maroq. vert. Exempl. color.

705. Les punitions des Chinois, en 22 gravures, avec des explications en anglais et en français. Londres, 1801. Gr. in-4° pap. vél., ex. color. Les planches sont gravées à l'aqua-tinta par Dadley.

706. Voyage pittoresque dans les quatre parties du monde, etc., par Grasset de Saint-Sauveur, avec des gravures en couleur en feuilles.

Histoire.

707. Histoire de la vie de Jésus-Christ, par le P. de Ligny, édition ornée de 75 gravures, d'après les tableaux des plus grands maîtres, sous la direction de L. Petit. Paris, 1804. 2 vol.

gr. in-8°, pap. vél., cart. à la Bradel. Les pl. sont doubles; épr. à l'eau-forte et *avant la lettre remplie*.

708. La Passion de Jésus-Christ, grav. en bois, par Albert Durer; 36 pièces. Le titre est rogné. 1 vol. petit in-fol., en basane, ancienne reliure. *Du cabinet Zanetti.*

La Passion, 36 pièces et le titre, par Marc-Antoine, d'après les gravures en bois, d'Albert Durer, n°s 584 à 620 *du Peintre-Graveur,* t. XIV; très belle suite sans numéro. La 13e pl. est très fatiguée. 1 vol. petit in-fol., en bas. ancienne reliure.

Cet ouvrage, très rare, vient du cabinet Zanetti.

709. La vie de la Vierge, grav. en bois par Albert Durer, en 20 pièces, sans texte imprimé au verso; mais l'explication du sujet y est proprement écrite avec des caractères à jour. A la suite se trouvent. — Une Adoration des mages, avec le chiffre et l'année 1511. Pièce non citée dans Bartsch.

La Vierge assise avec l'enfant Jésus, n° 101. Un petit vol. in-fol. relié en vélin blanc, qui vient du cabinet Zanetti. 22 pièces.

La vie de la Vierge, par Marc-Antoine, d'après les gravures en bois d'Albert Durer. 17 pièces, n°s 621 à 627 *du Peintre-Graveur,* t. XIV, 1 vol. petit in-fol. en vél. blanc.

Cet ouvrage, très rare, vient du cabinet Zanetti.

710 Entrée de l'empereur Sigismond à Mantoue, grande frise de la composition de Jules Romain, au palais du T, à Mantoue, grav. par Antoinette Bouzonnet Stella, 1673. In-4° obl. 23 pl.; très belles épreuves.

711. Histoire de Geneviève de Brabant, 13 pièces grav. au trait, par Charles Johannot. Paris, 1813. Dos de maroq.

712. Histoire d'Angleterre, d'Écosse et d'Irlande, etc., par de Larrey. Rotterdam, 1687. 4 vol. in-fol., veau.

713. Vie politique et militaire de Napoléon, par A.-V. Arnault, etc.; colombier. Tom. 1, 17 livr.; compl. tom. 2, 11 livr.

714. Napoléon et ses contemporains, suite de gravures, etc., publiée par Auguste de Chambure. Paris, 1824. In-4°, pap. vél., épr. sur pap. de la Chine, avec la lettre tracée. Livr. 1 à 5.

715. Relation des campagnes du général Bonaparte en Égypte et en Syrie, par le général de division Berthier. Paris, an VIII. In-8°, pap. vél., veau, filet.

716. Relation de la bataille de Marengo, etc., rédigée par Alex. Berthier. Paris, 1806. Gr. in-4°, pap. vél., cart. avec 6 pl.

717. Abrégé chronologique de l'histoire des ordres de chevalerie, etc., par Et. Dambreville. Pa-

ris, 1807. In-8°, tiré sur pap. in-4° br. 28 planches coloriées.

718. The Indu Pantheon, by Edward Moor, F. R. S., etc. London, 1814. In-4° relié en veau avec des fers analogues au sujet. 105 pl. gr. au trait.

Poèmes, etc.

719. Figures d'Homère, dessinées d'après l'antique, par H. Guil. Tischbein, etc., avec les explications, par Chr. Gotl. Hein. Metz, 1801. Gr. in-fol. 4 livr.

720. Traduction italienne de la cinquième satire d'Horace. Parme, Bodoni, 1818. In-4°, pap. vél. carton.

Cette traduction, publiée d'après le désir de la duchesse de Devonshire, est ornée de 9 planches gravées par Riepenhausen et Caracciolo.

721. La Pronea del commandatore Melchiore Cesarotti, composée, dessinée et gravée par Theod. Matteini. 1808. In-fol. obl. 18 pl.

722. La divine Comédie du Dante, ou l'Enfer, le Purgatoire et le Paradis, composée et gravée par Sophie Giacomelli. 100 pl.

723. Musarion, von Christ. Mart. Wieland, ein gedicht in drey Büchern. Wien, 1808. Gr. in-fol. pap. vél., magnifiquement relié en mar., doublé de tabis, dor. sur tr.

724. La Napoléonide, ou les fastes de Napoléon, traduite de l'italien de M. Petroni, par M. Terci, etc. Les médailles dessinées par M. Pecheux, et gravées par M. Piroli. Grand in-4°. 12 livr. L'ouvrage devait en avoir 34.

725. L'originale e il Rittrato. Bassano, 1792. Grand in-8° de 40 pl., pap. de Hollande, relié en veau fauve.

Cet opuscule contient les portraits d'Isabelle Teotochi Marin et de madame Lebrun, gravés à l'eau-forte par M. Denon; puis une notice de lui sur Me Lebrun, et plusieurs pièces de vers en italien, par divers auteurs.

726. Choix de chansons mises en musique, par M. de Laborde, avec des estampes, par J.-M. Moreau. Paris, 1773. 4 vol. in-8°, rel. en 2 tom., mar., dor. sur tr.

727. Achillis Bocchii Bonon. symbolicarum quæstionum de universo genere quas serio ludebat, etc. Bononia, 1555. Petit in-4°. vél. bl.

728. Achillis Bocchii Bonon. symbolicarum quæstionum, de universo genere, quas serio ludebat. Bononia, 1574. Petit in-4° veau fil.

Voyages pittoresques, Topographie.

729. Description des nouveaux jardins de la France et de ses anciens châteaux, etc., par Alexandre de Laborde, les dessins par Et. Bourgeois. Paris, 1808. In-fol., en feuilles.

730. Histoire de l'abbaye royale de Saint-Germain-des-Prés, etc., par don Jacques Bouillart. Paris, 1724. In-fol., veau.

731. Description historique de l'Hôtel royal des Invalides, par M. l'abbé Pérau, avec des fig. gravées par Cochin. Paris, 1756. In-fol., veau.

732. Plan de la ville et faubourgs de Paris, divisé en 20 quartiers, etc., par Deharme; 1766. 35 feuilles, non compris le titre et les tables collées à onglets. 1 vol. in-4°, dos de basane.

733. Les fontaines de Paris, anciennes et nouvelles, ouvrage contenant 66 planches dessinées et gravées au trait, par Moisy, avec une dissertation, par Amaury Duval. Paris, 1813. In-fol., pap. vél. cart.

734. Recherches sur les eaux publiques de Paris les distributions nécessaires qui en ont été faites, et les divers projets qui ont été proposés pour en augmenter le volume, par P.-S. Girard. Paris, 1812. In-4° br.

Description générale des différents ouvrages à exécuter pour la distribution des eaux du canal de l'Ourcq dans l'intérieur de Paris, par P.-S. Girard. Paris, 1810. In-4°. br.

735. Description du département de l'Oise, par Cambry. Paris, 1803. 2 vol. in-8° et un Atlas de 46 pl. *Quelques feuilles mouillées.*

736. Histoire du canal du Midi, connu précédemment sous le nom de *canal de Languedoc*, par F. Andréossy. Paris, an VIII. In-8°. Veau. *Ex. donné par l'auteur.*

737. Une visite à Vaucluse, Nîmes, Oranges, etc., en mai 1821, par Weston, auteur de *The trimester*. Londres, 1822. In-8°. 4 pl. *Ex. donné par l'auteur.*

738. Vues d'Ajaccio et de Fréjus, gravées par J.-G.-A. Frenzel, d'après les dessins de M. Denon. Dresde. In-4° obl. (1804?) Ces deux vues sont doubles avant et avec la lettre.

739. Voyage pittoresque dans le midi et le nord du pays de Galles, dessiné et gravé au lavis par Amélie de Suffren. Paris, 1802. Gr. in-fol., dos de bas. 24 pl. Exempl. color.; le premier vol. seulement; le deuxième n'a jamais paru.

740. Description de Londres et de ses édifices, etc., par Barjaud et Landon. Paris, 1810. In-8° br.

741. Voyages pittoresque de la Flandre et du Brabant, avec des réflexions relativement aux arts; par, par J.-B. Descamps. Paris, 1767. In-8°, dos de bas.

742. Recueil des plans et façades des principaux monuments construits à St.-Pétersbourg, etc.; par Thomas de Thomon. Saint-Pétersbourg, 1806. In-4°, pap. vél., dos de veau. 16 pl. grav. au trait.

743. Description historique et géographique de l'Inde, etc., contenant : 1° la géographie de l'Indoustan, par le P. Joseph Tieffenthaler; 2° des recherches historiques par Anquetil du Perron; 3° la carte générale de l'Inde, par Jacques Rennell, le tout augmenté de remarques par Jean Bernoulli. Berlin, 1791, 3 vol. in-4°, dos de bas.

744. Voyage pittoresque, ou description des royaumes de Naples et de Sicile, etc. (par l'Abbé de Saint-Non). Paris, 1781. Les tomes 1 et 2 reliés en bas. *Manque le troisième*. Le quatrième est complet et en feuilles.

745. Choix de vues pittoresques, par le vicomte de Senones. Grand aigle, vél. 7 livr.

746. Voyage en Italie, par Isabey, en 1822. 3 livr. *Complet*.

747. Lettere pittoriche sul campo Santo di Pisa (da G. Rossini). Pisa, 1810. In-4°, pap. vél. br.

748. Vedute principali e piu interessanti di Roma, incise da Gio.-Bat. Cipriani. Roma, 1799, In-4°, obl., dos de veau.

749 Suite de vues pittoresques des ruines de Pompeï, etc., dessinées par Henry Wilkins, et gr. par L. Caracciolo. Rome 1819. In-fol. obl., dos de mar. v. 37 pl.

750. Différentes vues du Vésuve, depuis l'irrup-

tion de 1631 jusqu'à celle de 1794. In-4o obl., br. 22 pl. coloriées.

751. Desiderii Spreti historici ravenatis de amplitudine, eversione, et restauratione urbis Ravennæ, etc. Ravennæ, 1793. 3 vol. in-4o, dos de bas.

752. L'origine dell' academia olimpica di Vicenza, con una breve descrizione del suo teatro, opere di Ottavio Bertolli Scamozzi. Vicenza, 1795. In-8o br.

753. Guides et descriptions des villes de Florence, Parme, Vicence, Mantoue, Venise, Naples, Pouzzoles, Séville et Madrid. 13 vol. in-8o, in-12 et in-18.

754. Voyage pittoresque et historique de l'Espagne, par Alexandre de Laborde. Paris, 1806. Très-grand in-fol. Le tom. 1 *seulement* cart.

755. Voyage de Suisse, publié par Née et Masquelier. Livr. 1 à 36 des figures.

756. Voyage pittoresque de la Grèce. Paris, 1782. Le tom. 1, et la première livr. du tom. 2.

757. Voyage pittoresque de Constantinople et du Bosphore, par Melling. 11 livr., très gr. form. *Epr. avant la lettre.*

758. Dzieunik podrôzy do Turcgi odbytey wnoka, 1814 przez Edwarda Raczynskiego. W Wroclawia, 1821 : c'est-à-dire, *Journal du Voyage en*

Turquie, fait en 1814, par le comte Edouard Raczynski. Breslau, 1821. Cart. 82. pl.

759. Voyage dans le Levant, par M. le comte de Forbin. Paris, 1819. pap. vél.; gr. aigle cart. 80 pl.

Cette édition n'a été tirée qu'à 325 exempl.

760 Nouveau voyage dans la haute et basse Egypte, etc., dans les années 1792 à 1798, par W.-G. Browne; traduit de l'anglais, par J. Castera. Paris, 1800. 2 vol. in-8°, veau.

761. Voyage d'Égypte et de Nubie, par Frédéric-Louis Norden, nouv. édit. par L. Langlès. Paris, 1795. 3 vol. in-4°, veau. 168 pl.

762. Voyage dans la basse et haute Egypte, pendant les campagnes du général Bonaparte, par Viv. Denon. Paris, 1802. 2 vol. grand aigle. 141 pl. *Pap. vél.* cart.

762 *bis*. Autre exempl. pap. ord. cart.

763. Le même, ouvrage. Paris, 1802. 2 vol. in-4°, et 1 in-fol. 141 pl. cart.

764. Voyage dans la basse et la haute Égypte, pendant les campagnes du général Bonaparte, par Viv. Denon. Londres, 1803. 2 vol. in-4°, et 1 vol. in-folio contenant 61 pl. Exempl. en vél., dos de bas.

Cette édition, publiée à Londres, est un hommage rendu à l'intéressant ouvrage de M. Denon. Le premier volume est composé du texte de M. Denon. Le second renferme l'explication des planches, plus différents Mémoires de MM. Grobert, Derozière, Ch. Norry, le général Andreossy, Malus, Lepère, Lancret, Chabrol, Nouet, Fourier, Costas et Monge, qui ne se trouvent pas dans les éditions publiées à Paris par M. Denon.

765. Viaggio nel basso ed alto Egitto, illustrato dietro alle tracce e ai Disegni del sig. Denon. Firenze, 1808. 2 vol. in-fol., cart. 144 pl.

Cet ouvrage, traduit par M. Giovanni degli Alessandri, est orné d'un petit portrait du traducteur.

766. Reize in opper-en reder-Egypte, gedurende den veldtocht van Bonaparte, door Vivant Denon, vit het fransch door Herm. Bosscha, Amsterdam, 1803. 2 vol. in-8o br.

767 Travels in upper and lower Egypt, in company with several divisions of the franch army under the command of general Bonaparte, by Vivant Denon, translated by Francis Blagdon. London, 1802. 2 vol. in-18, pap, vél., veau filets.

768. Vues en Egypte, d'après les dessins de Louis Mayer, grav. à l'acqua-tinta, par Thomas Milton. London, 1802. In-fol., dos de bas., 48 pl. coloriées.

769. Narrative of a journey in Egypt and the country behond the cataracts, by Thom. Legh, 2e édit. London, 1817. In-8o, pap. vél. cart.

770. Voyage à Méroé, au fleuve Blanc, etc., dans

les années 1819 à 1822, par Frédéric Caillaud. Paris, 1823. In-fol. Livr. 1 à 25.

771. Picturesque illustrations of Buenos-Ayres and Monte-Video, consisting of twenty-four wiews, etc., by E.-S. Vidal. London, 1820. Grand in-4°, pap. vél. cart. fig, coloriées.

772. Vues des Cordilières et monuments des peuples de l'Amérique, par Al. de Humboldt. Paris. 1810. In-fol. vél., fig. color.; 1 vol. de texte, et 1 de planches, numéros 1 à 69.

773. Voyage de découvertes aux terres australes, etc., pendant les années 1800 à 1804, rédigé par M.-F. Péron. Paris, 1807. 2 vol. in-4° et 2 vol. d'Atlas, br.

774. Carte général des royaumes de Naples, Sicile et Sardaigne, etc., formant la deuxième partie de la carte générale du théâtre de la guerre en Italie, par Bacler d'Albe, 24 feuilles gr. aigle. 2 vol., dos de veau.

775. Carte générale du théâtre de la guerre en Italie et dans les Alpes, depuis le passage du Var, en 1792, jusqu'à l'entrée des Français à Rome, en l'an 6, par Bacler d'Albe, gr. par les frères Rodriga. 30 feuilles grand aigle. Première partie.

Livres relatifs aux Beaux-Arts.

776. La pittura di Leon-Baptista Alberti, tradotta

per M. Lodovico Domenichi. Venise, 1547. In-12, vél. blanc.

777. Sur la situation des beaux arts en France, où Lettre d'un Danois à son ami, par T.-C. Bruun Neergaard. Paris, 1801. In-8° br.

Journal du dernier voyage de Dolomieu dans les Alpes, par le même. Paris, 1802. Br.

778. Autre exempl. du premier ouvrage, pap. vél.

779. Essai sur le perfectionnement des beaux-arts, par les sciences exactes, etc., par R. S. C. (le baron de Revenoni Saint-Cyr) Paris, 1803. 2 vol. in-8° br., pap. vél.

780. Autre exempl. br., pap. ordinaire.

781. Poétique des arts, ou Cours de peinture et de littérature comparées, par J.-F. Sobry. Paris, 1810. In-8°., pap. vél. cart.

782. Examen analitico del Quadro de la Transfiguracion de Rafael de Urbino, por Benito Pardo de Fiqueroa. Paris, 1804. In-8°, cart. pap. vél.

783. Le vite de' più eccellenti pittori, scultori, e architettori, scritte da M. Giorgio Vasari pittore, etc. Fiorenza, 1568. 6 vol. in-4°, en v. b.

784. Le Maraviglie dell' arte, overo le vite de gl'illustri pittori veneti, etc., descritte dal cavalier Carlo Ridolfi. Venetia, 1648. 2 vol. in-4°. vél. blanc.

785. L'abecedario pittorico, dall' autore ristampato, etc., e di altre notizie spettanti alla pittura, etc. Naples, 1733. In-4o vél. bl.

786. Dictionnaire des artistes, etc., par l'abbé de Fontenai. Paris, 1776. 2 vol., pet. in-8o.

787. La Vie des peintres flamands, allemands et hollandais, etc., par J.-B. Descamps. Paris, 1753. 4 vol. in-8o, dos de bas.

788. Dictionnaire des peintres espagnols, par F. Quilliet. Paris, 1816. In-8o br.

789. Observations sur quelques grands peintres, etc., par Taillasson. Paris, 1807. In-8o broché.

790. Materiali per servire alla storia dell' origine e de' progresi d'ell' incisione in rame e in legno, etc., da D. Pietro Zani. Parma, 1802. In-8o br. *Les feuilles 1 à 16 tachées d'huile.*

791. Eloge historique de Callot, etc. (par F. Husson). Bruxelles, 1766. Petit in-4o, maroq. vert dent.

792. Éloge historique de J.-J. de Boissieu, par M. Dugas-Montbel. Lyon, 1810. In-8o carton.

793. Vies des fameux architectes, depuis la renaissance des arts, avec la description de leurs ouvrages, par M. D. (d'Argenville). Paris, 1787. 2 vol. in-8o br.

794. Le peintre - graveur, par Adam Bartsch. Vienne, 1803. In-8°, *grand pap. vél.* cart. vol. 1 à 13, avec 16 planches in-4°.

795. Catalogue raisonné de toutes les estampes qui forment l'œuvre de Lucas de Leyde, par Adam Bartsch. Vienne 1798. Petit in-8 br.

796. Catalogue raisonné de toutes les pièces qui forment l'œuvre de Rembrandt, par Gersain, Helle et Glomy. Paris, 1751. In-12, veau.

Supplément au Catalogue raisonné de Gersain, de toutes les pièces qui forment l'œuvre de Rembrandt, par P. Yver. Amsterdam, 1756. In-12 br.

797. Catalogue raisonné de toutes les estampes qui forment l'œuvre de Rembrandt, etc., par les sieurs Gersain, Helle, Glomy et P. Yver, nouvelle edition, par Adam Bartsch. Vienne, 1797. 2 vol. in-8°, veau.

798. Catologue des tableaux de la galerie impériale et royale de Vienne, par Chrétien de Mechel. Grand in-8°. br.

799. Catalogue du duc d'Ursel, par Benard, 1806.

Catalogue du cabinet Silvestre, par Régnault de Lalande. Paris, 1810., in-8° br.

Catalogue du cabinet St.-Yves, par le même. 1805. In-8° br.

Catalogue du cabinet de Charles de Valois, 1801. In-8° br.

Catalogue de J.-G. Alibert. 1803.

800. Satire di Salvator Rosa, dedicate a Settano. Amsterdam. In-12 br.

801. Éléments de perspective pratique à l'usage des artistes, etc., par P. H. Valenciennes. Paris, an VIII. In-4°, veau, filets.

FIN.

TABLE ALPHABÉTIQUE

DES NOMS

DE PEINTRES, GRAVEURS

ET AUTEURS.

Les *sobriquets*, et les *noms impropres*, sont en *italique*.

A.

B.

C.

D.

E.

F.

G.

H.

I.

J.

K.

O.

P.

Q.

R.

S.

T.

U.

V.

W.

Y.

Z.

FIN DE LA TABLE.

DESCRIPTION
DES
OBJETS D'ARTS
QUI COMPOSENT
LE CABINET
DE
FEU M. LE BARON V. DENON,

Membre de l'Institut de France (Académie des Beaux-Arts), correspondant de la société asiatique de Calcuta, officier de l'ordre royal de la Légion-d'Honneur, chevalier de l'ordre de Sainte-Anne de Russie, et de la couronne de Bavière, ancien gentilhomme ordinaire de la chambre du Roi, ancien directeur des Msuées royaux et de la monnaie des médailles, etc.

ESTAMPES
ET OUVRAGES A FIGURES.

Par DUCHESNE AINÉ.

SUPPLÉMENT.

PARIS,
IMPRIMERIE D'HYPPOLITE TILLIARD,
Rue de la Harpe, n° 78.
1826.

DESCRIPTION
DES OBJETS D'ARTS
QUI COMPOSENT
LE CABINET
DE FEU M. LE BARON V. DENON.

ESTAMPES ET OUVRAGES A FIGURES.

SUPPLÉMENT.

SCHONGAUER (MARTIN), *et autres vieux maîtres allemands.*

1. Une pièce de la Passion. Plusieurs apôtres, etc. 17 Pièces.

PENCZ (GEORGE), *et autres.*

2. La prise de Carthage, d'après Jules Romain, Deux pièces, par Van de Velde, etc. 8 Pièces.

ALDEGRAVER.

3. Divers sujets de la Bible, etc. 21 Pièces.

PONTIUS (PAUL), GOLTZIUS et SUYDERHOEF.

4. Divers portraits. 15 Pièces.

POUSSIN.

5. Les Bergers d'Arcadie, par Blot.

6. L'Enlèvement des Sabines, par Laurent. *Épreuves avant la lettre.* 2 Pièces.

COCHIN (CHARLES-NICOLAS).

7. Histoire métallique de Louis XV, ouvrage non terminé, avec un texte manuscrit.

GHEZZI.

8. Caricatures dessinées à la plume, cartonnées proprement, et contenues dans un porte-feuille à dos de basane. 27 Pièces.

VIVARES, *et autres.*

9. Divers paysages. 7 Pièces.

HEATH (JACQUES).

10. La mort du soldat, et deux autres pièces. *Avant toutes lettres.* 5 Pièces.

HEATH (CHARLES).

11. Deux portraits différents de Henri West-Betty, et un du marquis Welesley. *Tous trois avec la lettre tracée.* 3 Pièces.

DENON (VIVANT).

12. Plusieurs épreuves des gravures faites par lui à différentes époques. Environ 1500 pièces.

Cet article sera divisé.

13. Scènes familières et sujets singuliers. 66 Pièces.

14. Costumes des députés de la convention na-

tionale, et le serment du jeu de paume, d'après les dessins de David. Portrait de Barère à la tribune, et vue d'une pyramide élevée dans la plaine de Zeyst en Hollande. Environ 300 épreuves.

15. Sujets divers en lithographie.

MORGHEN (RAPHAEL).

16. La Transfiguration, d'après Raphaël. *Très belle épreuve avec la lettre tracée.*

TISCHBEIN.

17. Études d'animaux. 17 Pièces.

TURNER (C.), *et autres.*

18. Portraits, statues, etc. *Épreuves avant la lettre.* 9 Pièces.

TARDIEU.

19. Saint Michel, d'après Raphaël. *Épreuve avant la lettre.*

BOUILLON.

20. Musée des antiques. Livr. 1. — 25 en feuilles.

GODEFROY.

21. Saint Michel, d'après Raphaël. *Avant la lettre.* Enée, d'après Chaudet. 2 Pièces.

22. La Bataille d'Austerlitz, d'après Gérard. *Très belle épreuve avant la lettre.*

MAZOIS.

23. Les Ruines de Pompéi. *Paris*, 1812, en feuilles. Livr. 1. — 13.

WARD.

24. Portraits de Platov et du prince de Galles, à

cheval. *Épreuve avant la lettre.* 2 Pièces.

ROSASPINA.

25. Le Christ mort. 1 Pièce.

DE BOISSIEUX.

26. Son OEuvre.

Cet œuvre est composé de 88 pièces très belles d'épreuve. Toutes celles indiquées sur papier de la Chine ont été données à M. Denon par M. de Boissieu ; et sur plusieurs d'entre elles, il a écrit au crayon : *Épreuve de choix.*

Portrait de M. de Boissieu, tenant une feuille de papier, sur laquelle est le portrait de sa femme, n° 1 (1). *Deux épreuves, dont une à l'eau forte pure, l'autre terminée et sur papier de la Chine.*

Le pape Pie VII bénissant des enfants, n° 4. *Épreuve sur papier de la Chine.*

Promenade du pape sur la Saône, n° 5. *Épreuve sur papier de la Chine.*

Famille réunie devant une cheminée, n° 7. *Épreuve sur papier de la Chine.*

Les Joueurs de boules, n° 10. *Épreuve sur papier de la Chine.*

Le Maréchal ferrant, n° 15. *Épreuve sur papier de la Chine.*

---

1 Ce n° et les suivants indiquent ceux que portent ces pièces dans le Catalogue du cabinet de M. le comte Rigal.

Vieillard faisant l'aumône, nº 16. *Deux épreuves, dont une à l'eau forte. Toutes deux sur papier de la Chine.*

Vieillard faisant lire un enfant, nº 18. *Épreuve à l'eau forte pure.*

La Leçon de botanique, nº 20. *Épreuve sur papier de la Chine.*

Fête champêtre, nº 21. *Épreuve avant *.*

Les Charlatans, nº 22. *Epr. avant *.*

Les deux Tonneliers, nº 23.

La Gouvernante, nº 24. *Rare.*

Vieillard jouant de la vielle, nº 29. *Avant *. Épreuve sur papier de la Chine.*

Vue du temple de Vesta, nº 34.

Vue du pont de Lucano, nº 36. *Épr. avant *.*

Vue de l'île Barbe, nº 37 *Avant l'adresse de Frauenholz.*

Entrée du village de Lentilly, nº 38. *Épreuve sur papier de la Chine.*

Vue de Champ-Vert, nº 43. *Deux épreuves, dont une sur papier de la Chine.*

Vue du château de Madrid, nº 44. *Deux épreuves, dont une sur papier de la Chine.*

Six vues de France, nº 44 à 50.

Quatre vues de Lyon, 51 à 54.

Des villageois en repos près d'un bois, nº 59. *Épreuve sur papier de la Chine.*

Un homme à cheval, passant un gué, n° 61. *Épreuve sur papier de la Chine.*

Une vieille chapelle entourée d'arbres, n° 65. *Épreuve sur papier de la Chine.*

La Digue, n° 66. *Epreuve sur papier de la Chine.*

Batelier conduisant un bateau chargé de grands arbres, n° 68. C'est une vue des Carmes déchaussés, à Lyon.

Bateau en réparation à Savigny, n° 69. *Épreuve sur papier de la Chine.*

Entrée d'une forêt, n° 71. *Épreuve avant *, et dans laquelle le coin du bas à droite n'a pas mordu à l'eau forte.*

Entrée d'une forêt, n° 72. *Avant *. Épreuve sur papier de la Chine.*

Paysage avec une baraque en planches, n° 75. *Épreuve sur papier de la Chine.*

Un gué traversé par un pâtre, deux vaches et un chien, n° 76. *Épreuve sur papier de la Chine.*

Chasseur près d'un bouquet de bois, n° 78.

Dix paysages, publiés chez Basan, n° 84, à 93. *Anciennes épreuves.*

Six paysages, publiés chez Chereau, n° 94 à 99. *Anciennes épreuves en rouge.*

Portrait de Pie VII, n° 100. *Épreuve sur papier de la Chine.*

Vieillard au front chauve, nº 103.

Vieillard avec un bonnet, nº 104.

Vieille ayant l'air boudeur, nº 106.

Quatre études, dont celle d'un vieillard les mains jointes, nº 107.

Trois études de têtes humaines et deux têtes d'animaux, nº 108. *Épreuves sur papier de la Chine.*

Treize études, dont celle d'un vieillard avec un manchon, nº 112.

Homme vue de trois quarts, d'après Van Dyck, nº 126.

Homme les mains croisées, d'après Téniers, nº 127. *Epreuve sur papier de la Chine.*

Grand paysage avec un chasseur, le fusil sur l'épaule, d'après Wynantz, nº 129. *Avant l'adresse d'Artaria. Épreuve sur papier vélin.*

Villageois passant un gué, d'après Berghem, nº 131. *Épreuve sur papier de la Chine.*

Grand paysage avec un bouvier assis, nº 134. *Épreuve avant l'adresse d'Artaria.*

Paysage avec un champ de blé; d'après Ruysdaël. nº 137. *Avant *. Épreuve sur papier de la Chine.*

Un pâtre et un taureau traversant une rivière, d'après Ruysdaël, nº 138. *Épreuve avant l'indication du Cabinet de M. de Souchay.*

Le Charlatan, d'après Du Jardin. *Avant* *. *Les angles du haut à droite et du bas à gauche, n'ont pas mordu. Très rare.*

Deux femmes près d'un lavoir, d'après Nicolas Poussin, nº 141. *Epreuve sur papier de la Chine.*

Pâtre jouant du flageolet, d'après Claude Lorrain, nº 142. *Epreuve sur papier de la Chine.*

Quatorze études, gravées par M. de Claussin, d'après de Boissieu.

COQUERET.

27. Le Naufrage et l'Incendie. *Avec la lettre tracée.* 2 Pièces.

PIRINGER.

28. Passage du roi sur le Pont-Neuf. *Deux épreuves dont une à l'eau forte.* 2 Pièces.

29. Grands Paysages. *A l'eau forte.* 4 Pièces.

30. Paysages, études d'animaux, etc. 11 Pièces.

PRIMAVESI, *et autres.*

31. Divers grands paysages.

RAMBERG.

32. Scènes familières, etc. 21 Pièces.

DANLOUX.

32. Portraits en pied de lord Keith, lord Duncan et l'évêque de Léon, François Lamarche. *Les deux premières gravures en mezzo tinte.* 3 Pièces.

RIBAULT.

34. Couronnement d'épines, d'après Titien. *Ép. avant la lettre et sur pap. de la Chine.* Portrait de Bernardin de Saint-Pierre. *Épreuve avant la lettre.* Un costume, d'après Isabey.

GIRARDET (ABRAHAM).

35. La Transfiguration, d'après Raphaël. L'Enlèvement des Sabines, d'après Poussin; et le Triomphe de Titus, d'après Jules Romain. *Épreuves avant la lettre.* 3 Pièces.

GUÉRIN (CHARLES).

36. Tobie et l'ange Raphaël, d'après Raphaël. Deux paysages, d'après Loutherbourg. *Épreuves avant la lettre.* 3 Pièces.

DESNOYERS (AUGUSTE BOUCHER).

37. La Vierge au donataire; d'après Raphaël. *Épreuve avec la lettre tracée.*

38. La même pièce. *Épreuve avec la lettre sur papier de la Chine.*

39. Phèdre et Hippolyte, d'après Guérin. *Épreuve avec la lettre tracée.*

40. Portrait en pied, d'après Gérard. *Épreuve avec l'estampille.*

41. Portrait en pied, d'après Gérard; 1re *épreuve avant l'estampille; elle a été contrecollée et encadrée.*

42. Le prince de Talleyrand en pied, d'après Gérard. *Epreuve avec la lettre tracée.*

PETIT.

43. Costumes du sacre. *Epreuve avant la lettre.* 3 Pièces.

REVERDIN.

44. Les neuf Muses, gravées au crayon, d'après les statues antiques.

L'Apollon du Belvéder, et la Vénus de Médicis. *Ces deux derniers avant et avec la lettre.* 3 pièces.

MASSARD (RAPHAEL-URBAIN).

45. Sainte Cécile, d'après Raphaël. Saint Paul faisant brûler les livres à Ephèse; et le portrait en pied du duc de Feltre, d'après Fabre, *Epreuve avant la lettre.* 3 Pièces.

46. Hyppocrate refusant les présents d'Artaxerce d'après Girodet. *Epreuve avant la lettre.*

PRADIER.

47. Portrait en pied de Regnaud de Saint-Jean-d'Angely, *avant la lettre*; celui de Ducis, *avec la lettre tracée*, et celui de Suart. 3 Pièces.

BENCE.

48. Vues des principaux monuments de la France, publiées par M. Delaborde. *Epreuve à l'eau forte.* 21 pièces.

RICHOMME.

49. Adam et Ève, d'après Raphaël. *Epreuve avec la lettre tracée.*

RICHOMME, CHATILLON, *et autres.*

50. Offrande à Esculape, d'après Guérin. *Epreuve avec la lettre tracée, etc.* 4 Pièces.

LAURENT, MOREL, *et autres.*

51. Gravures du Musée François. *Epreuve avant toutes lettres.* 6 Pièces.

52. Gravures du Musée Filhol. Le Déluge et Moïse enfant, d'après Poussin. *Epreuves avant la lettre.* 8 Pièces.

MASQUELIER et LACOUR.

53. Gravures de la galerie de Florence, et du musée Filhol. 12 Pièces.

OUTKINE, *et autres.*

54. Énée, d'après Dominiquin. *Epreuve avant la lettre, etc.* 4 Pièces.

PORTRAITS, etc.

55. Deux portraits de Bonaparte, l'un en pied et l'autre à cheval. 2 Pièces.

56. Le pape et le cardinal Gonzalvi, et le portrait en pied de David. 2 Pièces.

57. Le prince Kourakin, gravé par Outkin; et deux autres portraits. *Epreuves avant la lettre.* 3 Pièces.

58. Batailles de Lodi, de Marengo. 5 Pièces.

59. Eaux-Fortes du voyage à Constantinople, par Melling. 16 Pièces.

60. Eau forte par divers graveurs, dont la Vierge au donataire, par M. Desnoyers, etc. 57. Pièces.

61. Une carte d'Espagne, en feuilles collées sur toile.

Une carte d'Allemagne, en feuilles collées sur toile, etc.

62. Antiquités d'Herculanum. 8 vol. in-fol. cart.

Plusieurs volumes ont été mouillés.

63. Description de l'Egypte, exemplaire complet de l'édition publiée par le gouvernement. Papier ordinaire.

Les premières livraisons se composent :
de 2 vol. grand aigle ouvert, cartonnés;
2 portefeuilles, grand aigle, ouverts;
9 vol. grand aigle, cartonnés;
20 vol. de texte broché.

La dernière livraison est en feuilles. On fournira un bon pour recevoir le texte qui reste à paraître.

64. Panthéon égyptien, par MM. Champollion jeune et Dubois. Livr. 1 à 11.

65. Outlines engraving and Descriptions of the Woburn Abbey marbles. 1822, in-fol. pap. vél. cart.

66. Tableaux historiques des campagnes d'Italie, etc. Paris, 1806, pap. vél. cart.

TABLE DES PRIX

AUXQUELS ONT ÉTÉ ADJUGÉS

LES ARTICLES DU CATALOGUE DES ESTAMPES

ET OUVRAGES A FIGURES

DU CABINET DE M. LE BARON DENON,

LE 12 FÉVRIER 1827 ET JOURS SUIVANTS.

N°	Article	fr.	c.
1	Mantegna. 5 pièces.	12	05
2	Jean-André.	3	80
3	Robetta.	5	
4	Anonyme.	3	
5	Jacques de Barbary.	14	
6 à 86	L'œuvre de Marc-Antoine : non vendu.		
87	Marc-Antoine. 13 p.	20	
88	*Id.* 6 p.	15	50
89	*Id.* 6 p.	5	
90	*Id.* 5 p.	10	50
91	*Id.* 5 p.	2	
92	*Id.* 8 p.	4	15
93	*Id.* 5 p.	3	
94	*Id.*	10	
95	*Id.* 2 p.	11	50
96	*Id.* }	11	
97	*Id.* }		
98	Musis (Augustin).	10	
99	*Id.*	36	
100	*Id.*	18	
101	*Id.*	19	50
102	*Id.*	15	60
103	*Id.*	5	50
104	*Id.*	10	50
105	Marc Dente.	30	05
106	*Id.*	16	50
107	*Id.* 3 p.	27	50
108	*Id.*	33	
109	Caraglio. 2 p.	4	95
110	*Id.*	7	05
111	*Id.* 18 p.	21	60
112	Caraglio.	13	50
113	*Id.*	41	50
114	Bonasone. 4 pièces.	8	
115	*Id.*	32	95
116	*Id.*	8	
117	*Id.*	10	
118	*Id.* 3 p.	15	10
119	Ænée Vico. 3 p.	6	
120	*Id.*	31	
121	*Id.* 2 p.	5	
122	*Id.*	41	
123	B. Dado. 4 p.	7	40
124	*Id.* 32 p.	80	
125	*Id.*	30	05
126	*Id.*	8	60
127	Anonymes. 7 p.	26	
128	Hugues de Carpi. 5 p.	25	15
129	Ant. Fantuzzi. 5 p.	11	50
130	Andréani. 14 p.	80	
131	Vicentini.	7	
132	Boldrini. 3 p.	3	50
133	Ghandini.	6	25
134	Coriolano. 12 p.	12	35
135	Divers. 10 p.	17	50
136	*Id.* 14 p.	26	
137	*Id.* 18 p.	34	05
138	Mazzuoli. 10 p.	18	
139	Meldola. 3 p.	30	
140	Fantuzzi et autres. 28 p.	99	
141	Franco. 26 p.	123	
142	Ghisi (J.-B.).	29	50
143	Ghisi (George).	34	50

N°		fr.	c.
144	Ghisi (George) 5 pièces.	30	50
145	*Id.* 4 p.	8	
146	*Id.* 4 p.	10	05
147	*Id.* 4 p.	39	50
148	*Id.* 2 p.	50	
149	Ghisi (Adam). 4 p.	6	05
150	Ghisi (Diane). 1 p.	18	95
151	*Id.* 4 p.	30	
152	Farinati. 3 p.	} 3	50
153	Alberti. 3 p.		
154	Cavalleriis. 23 p.	75	
155	Baroccio. 2 p.	13	50
156	Rota. 3 p.	35	50
157	Palme. 4 p.	2	05
158	Tempesta. 38 p.	9	50
159	Carrache (Louis). 3 p.	14	05
160	Carrache (Aug.). 15 p.	17	
161	*Id.* 8 p.	30	
162	*Id.* 24 p.	12	
163	*Id.* 13 p.	20	
164	*Id.* 2 p.	5	
165	*Id.* 5 p.	4	50
166	*Id.* 8 p.	1	50
167	Carrache (Annibal).	51	
168	*Id.* 4 p.	35	
169	*Id.* 24 p.	38	50
170	Brizio. 10 p.	10	
171	Fialetti. 21 p.	} 8	
172	Rosa (Sixte). 7 p.		
173	Schiaminozzi. 9 p.	3	20
174	Reni. 22 p.	13	
175	Caletti. 3 p.	9	
176	Cantarini. 14 p.	15	05
177	Lolli. 12 p.	10	25
178	Sirani.	} 2	10
179	Barbieri.		
180	Congio. 22 p.	5	
181	Ribera. 4 p.	7	50
182	Pascalini. 4 p.	1	
183	Grimaldi. 8 p.	9	
184	Bella. (Jella). 83 p.	19	05
185	Po. (del). 3 p.	2	95
186	Carpioni. 14 p.	20	
187	Dughet. 10 p.	22	
186 *bis*	Rosa (Salvator). 11 p.	18	50
187 *bis*	Castiglione (B). 37 p.	17	

N°		fr.	c.
188	Castiglione (B). 2 p.	15	
189	Castiglione (Sal.) 4 p.	} 23	50
190	Testa. 40 p.		
191	Galestruzzi. 4 p.	6	
192	Maratti. 14 p.	8	50
193	Biscaïno. 14 p.	28	
194	Mitelli. 9 p.	4	
195	Bartoli. 23 p.	10	
196	*Id.* 43 p.	13	
197	Mattioli.	} 14	
198	Balestra. 3 p.		
199	Zanetti l'ancien. 5 p.	1	
200	Canal. 31 p.	99	
201	Zuccarelli. 3 p.	3	
202	Zucchi. 4 p.	5	50
203	Zanetti le neveu. 24 p.	40	
204	Rotari. 8 p.	26	
205	Piranesi. 28 p.	32	
206	Londonio. 13 p.	33	
207	Tiepolo. 67 p.	40	05
208	Cunego. 3 p.	51	05
209	Novelli (P.-A.). 2 p.	2	95
210	Longhi (Alex.). 5 p.	5	50
211	Bartolozzi. 17 p.	9	05
212	*Id.* 16 p.	15	
213	*Id.*	24	95
214	Goya. 80 p.	76	
215	Bettelini. 4 p.	16	05
216	David. 5 p.	17	
217	*Id.* 4 p.	11	
218	*Id.* 24 p.	29	95
219	*Id.* 12 p.	10	
220	Morghen. 2 p.	4	
221	Longhi (Jos.). 7 p.	30	05
222	Arioli. 4 p.	7	
223	Novelli (Fr.). 171 p.	190	
224	*Id.* 50 p.	24	05
225	*Id.* 18 p.	8	50
226	Cumano. 8 p.	5	10
227	Fontana. 3 p.	9	
228	Rosaspina. 7 p.	9	05
229	Pinelli. 50 p.	20	05
230	Piaggio. 21 p.	12	
231	Divers. 78 p.	53	
232	*Id.* 48 p.	20	05
233	*Id.* 24 p.	10	05

		fr.	c.
234	Divers. 54 pièces.	17	
235	*Id.* 48 p.	11	10
236	*Id.* 51 p.	69	05
237	*Id.* 38 p.	66	
238	*Id.* 24 p.	9	
239	Schongauer.	21	50
240	Lucas Cranach. 6. p.	35	
241	Albert Durer. 30 p.	43	55
242	*Id.* 46 p.	29	
243 à 282	L'œuvre de Lucas de Leyde ; vendu en un seul lot.	3530	
283	Grun, etc. 16 p.	18	95
284	Altdorffer. 6 p.	6	05
285	I. B.	9	05
286	Hopfer. 8 p.	58	
287	Beham (Barth.). 2 p.	4	
288	Beham (H.-S.). 195 p.	199	05
289	*Id.* 8 p.	8	95
290	Pencz. 122 p.	431	
291	Goltzius (Hub.). 155 p.	20	05
292	Goltzius (Henri). 12 p.	23	05
293	Cort. 3 p.	3	
294	Amman.	15	60
295	Sadler. 27 p.	34	
296	*Id.* 37 p.	72	
297	Kilian. 4 p.	3	
298	Delff. 30 p.	50	
299	de Goudt. 7 p.	80	
300	Bolswert. 6 p.	19	
301	Vorsterman. 3 p.	9	05
302	Vanden Velde. 10 p.	75	
303	Van Dyck.	12	50
304	Baur. 7 p.	3	05
305	Galle le fils. 4 p.	9	
306	Suiderhoef. 3 p.	12	05
307	Stoop. 10 p.	12	
308	Fyt. 9 p.	90	
309 à 462	L'œuvre de Rembrandt ; non vendu.		
463	Rembrandt. 4 p.	13	
464	*Id.* 5 p.	25	50
465	*Id.* 6 p.	18	
466	*Id.* 4 p.	8	50
467	*Id.* 7 p.	16	05

		fr.	c.
468	Rembrandt. 5 p.	33	[illegible]
469	*Id.* 4 p.	36	[illegible]
470	*Id.* 5 p.	20	[illegible]
471	*Id.* 6 p.	71	[illegible]
472	*Id.* 19 p.	6	[illegible]
473	*Id.* 64 p.	47	05
474	Lievens. 6 p.	12	05
475	Schut. 7 p.	2	05
476	Uden (Van). 21 p.	15	[illegible]
477	Uytenbroeck. 18 p.	49	95
478	Ostade. 4 p.	} 11	[illegible]
479	Hollar. 4 p.		[illegible]
480	Storer. 12 p.	28	[illegible]
481	Divers.	19	[illegible]
482	Téniers. 4 p.	10	[illegible]
483	Both. 9 p.	20	05
484	Waterlo. 81 p.	140	[illegible]
485	*Id.* 12 p.	13	[illegible]
486	Vischer (Corn.).	9	[illegible]
487	*Id.* 2 p.	18	05
488	*Id.* 7 p.	6	95
489	*Id.* 6 p.	7	05
490	Vischer (Lamb.). 3 p.	5	05
491	Vischer (Jean). 33 p.	38	50
492	*Id.* 19 p.	60	
493	Swanevelt. 55 p.	255	
494	Wouwermans. 100 p.	179	95
495	Kyssell. 3 p.	3	15
496	Berghem. 5 p.	79	95
497	*Id.* 3 p.	51	
498	*Id.* 16 p.	8	05
499	*Id.* 3 p.	22	
500	*Id.* 24 p.	17	50
501	Vander Cabel. 20 p.	63	50
502	Ruysdael. 3 p.	10	50
503	Du Jardin. 46 p.	21	
504	Baudoin. 13 p.	6	95
505	Genoels. 7 p.	18	65
506	Lairesse. 22 p.	5	65
507	Le Febvre. 57 p.	12	05
508	Du Sart. 3 p.	6	[illegible]
509	Dietrich. 50 p.	45	[illegible]
510	Schmidt. 5 p.	17	[illegible]
511	Rode. 12 p.	6	60
512	Weirotter. 18 p.	3	[illegible]

		fr.	c.
513	Ploos. 64 pièees.	31	
514	Gesner. 6 p.	3	10
515	Kauffmann. 6 p.	3	60
516	Suntach. 6 p.	3	25
517	Bartsch. 21 p.	33	
518	Le Pr. de Ligne. 12 p.	3	05
519	Maulperch.	4	10
520	Hess. 9 p.	25	
521	De Frey. 45 p.	125	
522	Hubner. 3 p. }	11	
523	De Haller. 3 p. }		
524	Plonsky. 15 p.	11	95
525	Beatricet. 2 p.	6	25
526	Audrouet. 17 p.	8	
527	Divers. 60 p.	43	
528	Callot, son œuv. 1594 p.	1000	
529	*Id.* 14 p.	17	50
530	Périer. 7 p. }	8	95
531	Brebiette. 47 p. }		
532	Lasne. 3 p.	2	
533	Guillain. 9 p.	4	
534	Gelée (Claude.) 4 p.	16	95
535	Mellan. 2 p.	19	95
536	Morin. 3 p.	3	05
537	Bourdon. 48 p.	24	
538	Le Potre. 14 p.	1	05
539	Le Brun. 1 p. }	10	
541	Evrard. 67 p. }		
540	Le Brun. 37 p.	40	
542	Milet. 8 p.	25	
543	Cochin. 15 p. }	2	50
544	Silvestre. 10 p. }		
545	Perelle. 7 p. }	5	
546	Le Clerc. 7 p. }		
547	Edelinck. 8 p.	6	
548	Gillot. 7 p.	4	
549	Moncornet. 25 p.	4	50
550	St.-Aubin. 14 p.	7	15
551	*Id.* 11 p.	7	05
552	*Id.* 6 p.	19	95
553	Foulquier. 9 p.	7	
554	Fiquet. 4 p.	20	
555	*Id.*	19	
556	*Id.* 3 p.	8	
557	Campion. 34 p.	3	50

		fr.	c.
558	La Grenée. 18 p.	12	
559	De Hemant. 34 p.	32	50
560	Patu. 29 p.	30	50
561	De Bisemont. 20 p.	17	95
562	Girardet.	24	05
563	Andrieu. 53 p.	44	
564	Nitot Dufresne. 8 p.	2	
565	Duplessis-Bertaux. 72 p.	19	95
566	De Claussin. 39 p.	15	
567	Fragonard. 48 p.	22	
568	Peyron. 5 p.	11	
569	Ribault. 4 p.	37	50
570	Lerouge. 11 p. }	3	
571	Petit. 7 p. }		
572	Zix. 5 p.	3	
573	Eaux fortes. 24 p.	63	50
574	*Id.* 38 p.	40	50
575	*Id.* 78 p.	49	95
576	Divers. 85 p.	23	95
577	Pond. 32 p.	18	
578	Earlom. 50 p.	41	
579	Falconet. 15 p.	8	
580	Guttenbrunn. 9 p.	6	20
581	Schados. 9 p.	3	
582	Cotman. 24 p.	45	
583	Cosway. 13 p.	6	50
584	Harvey.	30	
585	Turner (M.). 42 p.	56	
586	Turner (M. D.). 39 p.	83	
587	Turner (E.). 19 p.	48	
588	Turner (les). 13 p.	7	
589	Ford. 18 p.	30	
590	Iconographie. 72 p.	160	
591	*Id.* avant la l. 77 p.	72	
592	Galerie des peintres.	53	
593	Portraits par Fremy.	5	50
594	Portraits divers. 40 p.	41	
595	*Id.* 30 p.	15	05
596	*Id.* 8 p.	101	
597	*Id.* 9 p.	28	50
598	*Id.*	20	
599	*Id.* 12 p.	50	
600	*Id.* 6 p.	32	50
601	*Id.*	17	05
602	*Id.* 7 p.	19	50

		fr.	c.
603	Port. divers. 36 pièces.	39	
604	Divers maîtres. 15 lots.	396	85
605	*Id.* 2 lots.	77	95
606	*Id.* 150 p.	20	
607	Portefeuilles. 15 lots.	163	75
608	Divers. 44 lots.	1002	25
609	Musée français.	2300	
610	Musée Napoléon.	24	
611	Annales du Musée.	70	05
612	Lenoir.	40	
613	Cab. Choiseul.	84	
614	Cab. Poullain.	140	
615	Catal. de Dufourny.	14	50
616	Gal. du Vatican.	168	
617	Gal. de Florence.	254	
618	Gal. Giustiniani.	10	
619	Palais Borghèse.	15	95
620	Dessins de Florence.	25	60
621	Dessins gravés.	7	50
622	Gal. de Vienne.	37	
623	Gal. de Dusseldorff.	25	05
624	Des. de Dusseldorff.	9	
625	Gal. de l'Hermitage.	30	
626	OEuv. de Holbein, etc.	40	
627	Vies des peintres.	60	
628	Recueil d'estampes.	13	50
629	*Id.*	50	
630	Têtes de la cène, etc.	27	
631	Têtes des impératrices.	3	50
632	Hist. de la sculpture.	51	
633	Statues de Périer.	12	
634	British Museum.	151	
635	Terres cuites antiques.	27	
636	Colonne Antonine.	16	15
637	Col. de la place Vend.	151	
638	Tomb. de François I.	7	10
639	Sculpt. de Canova. fol.	5	05
640	*Id.* in-4.	3	
641	Flaxman.	39	
642	Pierres grav. de Vienne.	26	
643	P. gr. de Zanetti,	14	
644	P. gr. d'Orléans.	20	
645	Descript. de méd. ant.	92	05
646	Numismatique d'Eckel.	8	
647	Planches de Belzoni.	60	
648	Mon. égyptiens.	19	50
649	Sur les hiéroglyphes.	8	10
650	Ruines de Balbec.	15	
651	Palais de Spalatro.	34	
652	Ant. d'Athènes.	31	05
653	Ant. d'Attique.	100	
654	Ant. de Nubie.	70	
655	Ruines de Pompeï.	65	
656	Théâtre de Marcellus.	2	
657	Vérone illustrée.	5	05
658	*Id.*	5	
659	Mus. Schœflin. }	6	60
660	Alticchiero. }		
661	L'Italie avant les Rom.	39	95
662	Monum. inédits.	5	
663	Ant. gauloises.	6	10
664	Orn. antiques.	15	
665	Termes de Tite.	68	05
666	Mosaïque d'Italica.	35	05
667	Peint. de vases antiques.	60	
668	Mon. de Yu.	2	05
669	Parallèle de Durand.	114	
670	Essai sur l'arch.	60	
671	Leçons d'archit.	20	
672	Du gen. de l'arch.	22	60
673	Projet d'archit.	6	95
674	Paris, par Baltard.	51	60
675	Le Louvre, etc.	12	95
676	La Bourse.	5	60
677	Villa de Percier.	96	
678	Décorat. du sacre.	20	
679	Salle de Cassel.	4	05
680	La Superga.	3	15
681	Métrop. de Florence.	5	95
682	Église de Marienbourg.	60	
683	Palais de Barberousse.	3	55
684	Oiseaux de Paradis.	275	
685	Ichtiologie de Vérone	20	
686	Plantes nouvelles.	25	50
687	Liliacés de Redouté.	316	
688	Choix de plantes.	20	10
689	Jard. de Malmaison.	65	
690	Anat. du gladiateur.	35	60
691	Anat. d'Antomarchi.	149	05
692	Anat. de Sue.	3	10
693	Anat. de Birch Sharpe.	10	50
694	De la chenille du saule.	3	

		fr.	c.
695	De la fièvre jaune.	9	50
696	Cost. de Willèmain.	71	
697	Cost. de Beaunier.	60	
698		n.	v.
699	Uniformes.	103	
700	Voitures de Russie.	8	75
701	Costumes de Russie.	7	
702	Cost. turcs.	16	95
703	Cost. de la Chine.	121	
704	*Id.*	60	
705	Peines des Chinois.	42	
706	Grasset de St.-Sauveur.	15	
707	Vie de J.-C.	71	
708	Pass. de J. C.	297	
709	Vie de la Vierge	507	
710	Entrée de Sigismond.	5	
711	Généviève de Brabant.	4	
712	Hist. d'Angleterre.	14	
713	Vie de Napoléon.	140	
714	Napoléon, etc.	28	05
715	Camp de Bonaparte.	6	
716	Bat. de Marengo.	6	15
717	Ordres de chevalerie.	10	
718	Panthéon indien.	52	
719	Homère de Tischbein.	12	50
720	Satire d'Horace.	4	50
721	La Pronea.	5	50
722	Le Dante.	12	
723	Musarion.	17	
724	Napoléonide.	8	
725	L'orig. et le portrait.	5	
726	Chansons de Laborde.	20	
727	Embl. de Boschi.	18	
728	*Id.*	13	
729	Jardins de la France.	51	
730	Histoire de l'Abbaye.	10	50
731	Descr. des Invalides.	8	55
732	Plan de Paris.	1	
733	Fontaines de Paris.	19	
734	Les eaux de Paris.	5	05
735	Voyage dans l'Oise.	6	
736	Canal de Languedoc.	1	95
737	Visite à Vaucluse.	1	60
738	Vues d'Ajaccio.	5	
739	Voy. au pays de Galles.	18	95
740	Descr. de Londres.	7	95

		fr.	c.
741		n.	v.
742	Mon. de Pétersbourg.	1	
743	Descr. de l'Inde.	20	50
744	Voy. d'Italie.	141	
745	Vues; par de Senone.	25	50
746	Voyage d'Isabey.	47	
747	Campo Santo.	} 6	05
748	Vues de Rome.		
749	Ruines de Pompéi.	40	
750	Vues du Vésuve.	8	60
751	Rest. de Ravenne.	6	05
752	Acad. de Vicence.	1	10
753	Guides divers.	5	05
754	Voy. d'Espagne.	49	
755	Voy. de Suisse.	65	50
756	Voy. de Grèce.	61	
757	Voy. à Constantinople.	197	
758	Voy. en Turquie.	40	
759	Voy. dans le Levant.	45	
760	Voy. en Égypte.	3	
761	*Id.* Norden.	18	
762	*Id.* Denon.	250	
763	*Id.* *Id.* in-4°.	130	
764	*Id.* Londres.	35	
765	*Id.* Florence.	53	
766	*Id.* Amsterdam.	13	50
767	*Id.* Londres, in-18.	8	
768	Vues d'Égypte.	46	05
769	Voy. en Égypte.	6	
770	Voy. à Méroé.	30	
771	Voy. à Monte-Vidéo.	40	
772	Vue des Cordilières.	137	
773	Voy. de Péron.	14	60
774	Cartes de Bacler-d'Albe.	27	50
775	*Id.*	36	
776	De la Peinture p. Alberti.	11	95
777	Des Beaux-Arts (Neergaard).	1	30
778	*Id.*	1	20
779	Des Beaux-Arts. Revenoni.	2	
780	*Id.*	1	50
781	Cours de peint. Sobry.	2	95
782	De la Transfiguration.	}	15
783	Vasari.		
784	Ridolfi.	9	
785	Le P. Orlandi.	3	15

		fr.	c.
786	Dict. des artistes.	n. v.	
787	Descamps.	n. v.	
788	Dict. des peintres.	n. v.	
789	Taillasson.	n. v.	
790	Zani.	3	
791	Éloge de Callot.	3	
792	Éloge de Boissieu.	3	
793	Vie des architectes.	n. v.	
794	Le Peintre-graveur.	124	
795	Catalogue.	n. v.	
796	Cat. de Rembrandt.	2	80
797	*Id.* par Bartsch.	25	
798	Cat. de Vienne.	2	
799	Cat. divers.	6	15
800	Satires de Salvator Rosa.	1	
801	Perspective.	23	50
	Livres divers. 32 lots.	551	45

SUPPLÉMENT.

		fr.	c.
1	Schongauer. 17 pièces.	36	
2	Pencz. 8 p.	49	
3	Aldegraves. 21 p.	37	
4	Divers. 15 p.	25	05
5	Poussin.	} 29	
6	*Id.*		
7	Cochin.	2	
8	Ghezzi. 27 p.	22	50
9	Vivares. 7 p.	7	05
10	Heath (Jacques). 3 p.	17	
11	Heath (Charles). 3 p.	30	
12	Denon. 300 p.	30	05
—	*Id.* 359 p.	50	
—	*Id.* 311 p.	36	05
—	*Id.* 731 p.	42	
13	*Id.* 50 p.	40	10
14	*Id.* 300 p.	99	50
15	*Id.* 700 p.	50	
16	Morghen.	230	
17	Tischbein. 17 p.	14	
18	Turner. 9 p.	15	
19	Tardieu.	25	05
20	Bouillon. 42 livraisons.	351	
21	Godefroy. 2 p.	8	
22	*Id.*	601	
23	*Voy.* n° 655.		
24	Ward. 2 p.	17	
25	Rosaspina.	6	95
26	Boissieux. 86 p.	479	
27	Coqueret. 2 pièces.	7	05
28	Piringer. 2 p.	3	05
29	*Id.* 4 p.	8	
30	*Id.* 11 p.	3	
31	Primavesi.	12	05
32	Ramberg. 21 p.	24	50
33	Danloux. 3 p.	36	
34	Ribault. 3 p.	14	60
35	Girardet. 2 p.	56	50
36	Guérin. 3 p.	7	95
37	Desnoyers.	53	
38	*Id.*	44	
39	*Id.*	50	50
40	*Id.*	70	
41	*Id.*	40	
42	*Id.*	17	
43	Petit. 3 p.	15	05
44	Reverdin. 12 p.	20	05
45	Massard.	56	
46	*Id.*	220	
47	Pradier. 3 p.	15	
48	Bance. 21 p.	12	
49	Richomme.	45	50
50	*Id.* 4 p.	40	
51	Laurent, etc. 6 p.	25	
52	*Id.* 8 p.	28	
53	Masquelier, etc. 12 p.	9	
54	Outkine. 4 p.	14	50
55	Portraits. 2 p.	18	

		fr.	c.			fr.	c.
56	Portraits. 2 pièces.	6	05	62	Herculanum.	50	
57	*Id.* 3 p.	21		63	Descr. de l'Égypte.	1480	
58	Batailles. 5 p.	29	05	64	Panthéon égyptien.	15	05
59	Eaux-forte.s 16 p.	27		65	Woburn-Abbey.	60	
60	*Id.* 57 p.	20		66	Campagnes d'Italie.	60	10
61		n. v.					

PRIX DE LA TABLE, UN FRANC.

SE TROUVE A PARIS,

CHEZ

- TILLIARD frères, Libraires du roi de Prusse, rue Hautefeuille, nº 22;
- TREUTTEL et WURTZ, Libraires, rue de Bourbon, nº 17.
- PIERI-BENARD, Md d'estampes de la bibliothèque du Roi, boulevart des Italiens, nº 11.

IMPRIMERIE D'HIPPOLYTE TILLIARD
rue de la Harpe, nº 78.

www.ingramcontent.com/pod-product-compliance
Lightning Source LLC
LaVergne TN
LVHW010555110826
845149LV00003B/665

9782013518925